紙上辦香

山东大学百廿校庆纪念花笺

徐 超著

山东大学出版社

图书在版编目（CIP）数据

纸上瓣香：山东大学百廿校庆纪念花笺 / 徐超著. —
济南：山东大学出版社，2021.7
ISBN 978-7-5607-7075-8

Ⅰ. ①纸… Ⅱ. ①徐… Ⅲ. ①山东大学—纪念文集
Ⅳ. ①G649.285.21-53

中国版本图书馆 CIP 数据核字（2021）第 127201 号

总体创意　徐　超
装帧设计　徐　超
责任编辑　张韶明

出版发行　山东大学出版社
社　　址　山东省济南市山大南路 20 号
邮政编码　250100
发行热线　（0531）88363008
经　　销　新华书店
印　　刷　北京雅昌艺术印刷有限公司
规　　格　787 毫米 ×1092 毫米　1/16
　　　　　8 印张　120 千字
版　　次　2021 年 7 月第 1 版
印　　次　2021 年 7 月第 1 次印刷
定　　价　120.00 元

徐超，字逾之，斋号为静斋、三摩帝书屋。山东大学文学院教授、博士生导师，山东大学书法艺术研究中心主任。

主要研究文字音韵训诂、书法与书法文化。曾独立出版《中国传统语言文字学》《崧高维岳——蒋维崧和他的书法篆刻艺术》《对联艺术》《宋诗集泉》《古代汉语》《大美汉字》等，二人合著《贾谊集校注》《书法教程》等，《古汉字通解500例》即将出版。

曾任山东大学中文系副主任、山东《书法艺术报》特聘副主编、中国书协学术委员会委员、教育部人文社会科学项目评审专家等。曾获中国书法兰亭教育二等奖、山东省“泰山文艺奖”一等奖等。书法和书法研究得益于启功先生和蒋维崧先生，担任蒋维崧先生工作助手多年。

献　辞

在山东大学百廿华诞即将到来之际，我谨奉拙作《纸上瓣香——山东大学百廿校庆纪念花笺》以表庆贺和祝福。

本作品共五题，用五色印制，合计120页，取五彩百廿之意。作品正面60页用深色，以供阅览；背面60页为浅色花笺，即华美的信笺。花笺艺术是我国独有的传统文化，传承已有一千余年。

五题中的第一题《百廿心花》，是说百廿山大人念兹在兹者，即百廿山大人的初心和终极追求。文辞除山东大学堂章程语和校训一类外，其余都是作者创作，表现形式则为各体书法和篆刻等。第二题《前哲光风》和第三题《校园俯仰》的文辞，皆取自我的《全宋诗集句》，其中前者是借集句赞颂山大前辈的高风亮节以及严谨治学、立德树人的品格，后者则是借集句抒发山大人身居校园而志存高远的情怀。第四题《珠璧联辉》的内容取自作者自创自集珠璧联作品，命题隐喻学校的办学体制具有学科互补、珠联璧合的意义。以上三题的展现形式是把集句集联用行书书于自制的校庆花笺，以此凸显校庆主题以及花笺的诗意和华美。第五题《古学绵长》的内容，取作者近期古文字著作中“庆祝山东大学建校百廿周年”十二个字，列举其甲骨文、金文、小篆字形，解释其造字方法和构形含义，并附作者金文书法。“古学”的“学”既指学问，又指学校。此题以古文字的厚重文化隐喻山大厚重的历史文化和她的无限前程，寓祝福之意。

本作品集语言、文学、书法、篆刻和设计于一体，追求的是学术、文化与艺术的高度结合。在此基础上制作的主题花笺，也力求在文化含量和艺术形式上对传统花笺艺术有所突破。细心的读者能体会到，五彩花笺的设计以及诗意化的内容都是为了强化五彩百廿的主题。五彩五题又与五方五行五色土相应，最能体现皇天后土、厚德载物和敦厚宽博的文化精神。首页是自制仿汉代文字瓦当拓片，其文是校庆主题词“百廿山大，强校兴国”。封底是自刻印章，文曰“山东大学百廿华诞”，把“山大”明确为全称以示郑重。封面以及第一题首页是圆形仿汉瓦拓片，字用圆转的阳文；封底以及第一题末页是长方印章，字用方形的仿汉印阴文。上为圆为天为阳，下为方为地为阴，寓意天覆地载、规天矩地、阴阳协和、天人合一之意，也与传统文化密合。作品深色60页为甲子之数，浅色花笺60页又一甲子，合而为百廿双甲子，而“花”与“华”古本一字，用百廿花笺庆百廿华诞，可谓天作之合。

总之，本作品是一个山大人奉献给山大前辈、奉献给当今山大人、奉献给百廿校庆的一片“心花”。体现在各类纸型上的所有对联、书法、篆刻和其他著述，以及手绘图片和版面设计，皆系作者原创，而所以谋求所有细节上的用心和知识产权者，也正是为了体现这片“心花”的虔诚，故名曰《纸上瓣香》。

歌曰：

百廿山大兮百廿花笺，奉之献之兮书写斑斓！

五彩五题兮五纸瓣香，祝之祷之兮绽放辉煌！

古楚静斋徐超　谨献

公元二〇二一年四月二十八日

目录

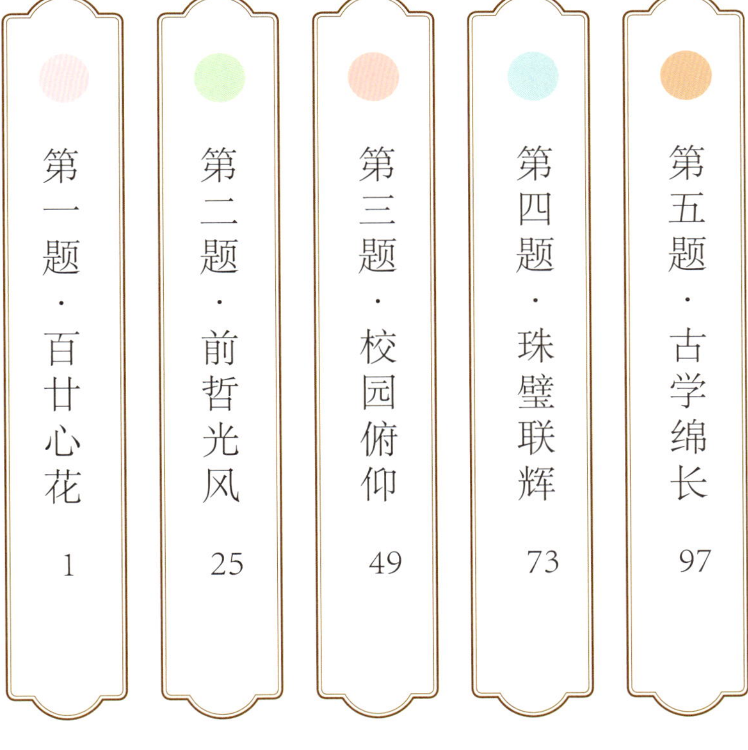

金文仿汉代瓦当拓片：“百廿山大，强校兴国。”

山東大學百廿校慶紀念

為天下儲人才
為國家圖富強

歲在辛丑 徐超

隶书山东大学堂章程句：『为天下储人才，为国家图富强。』

山東大學百廿校慶紀念

行书山东大学校训：『学无止境，气有浩然。』

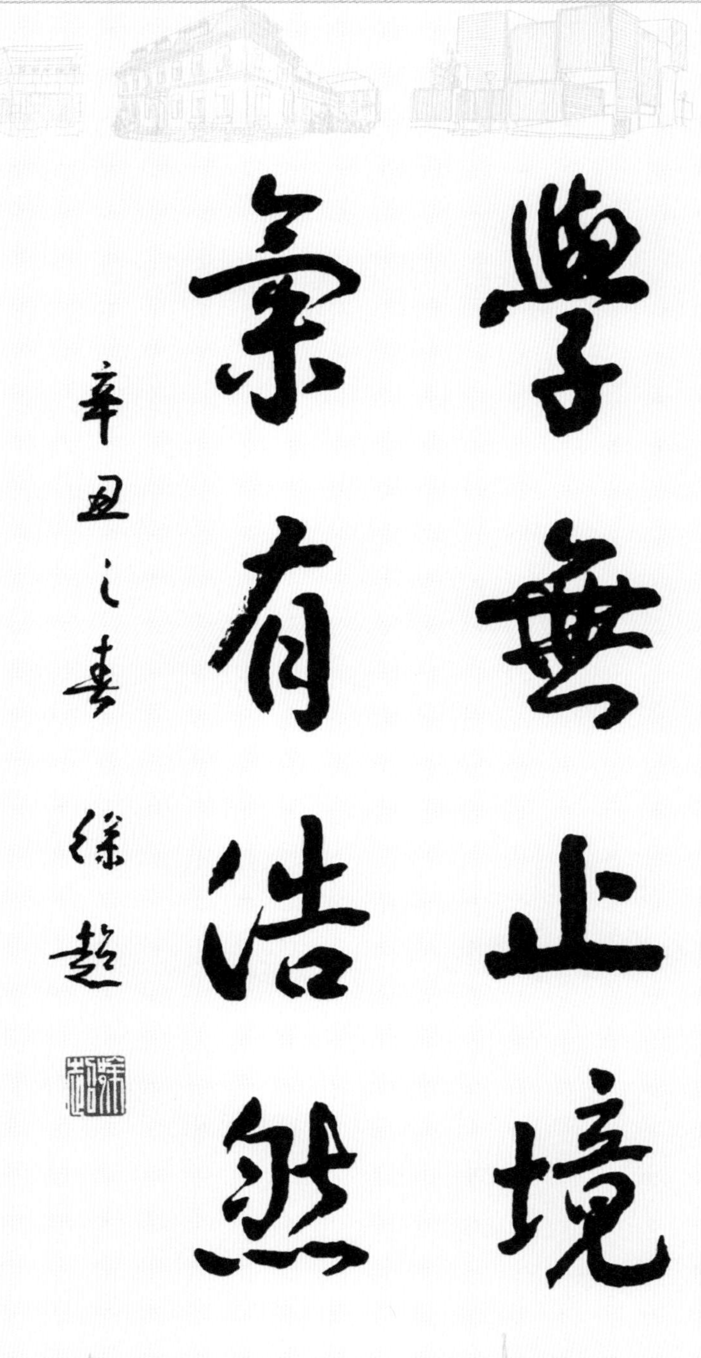

學無止境
氣有浩然
辛丑之春 徐超

南傍佛崖西鄰趵突東有老新本部曾經三校合璧

遠通威海再登青島近攬龍山片區且看九園聯珠

辛丑之春

徐超

行书自作联：『南傍佛崖，西邻趵突，东有老新本部，曾经三校合璧；远通威海，再登青岛，近揽龙山片区，且看九园联珠。』

南傍佛崖西鄰趵突东有老新
本部曾经三校合璧
辛丑之春

片区且看九園辨珠
远通威海再登青岛近揽龍山
徐超

山東大學百廿校慶紀念

正心術敦品行
明倫理知大體

正心術敦品行明倫理知大體
徐超

金文山东大学堂章程句：『正心术，敦品行，明伦理，知大体。』

山東大學百廿校慶紀念

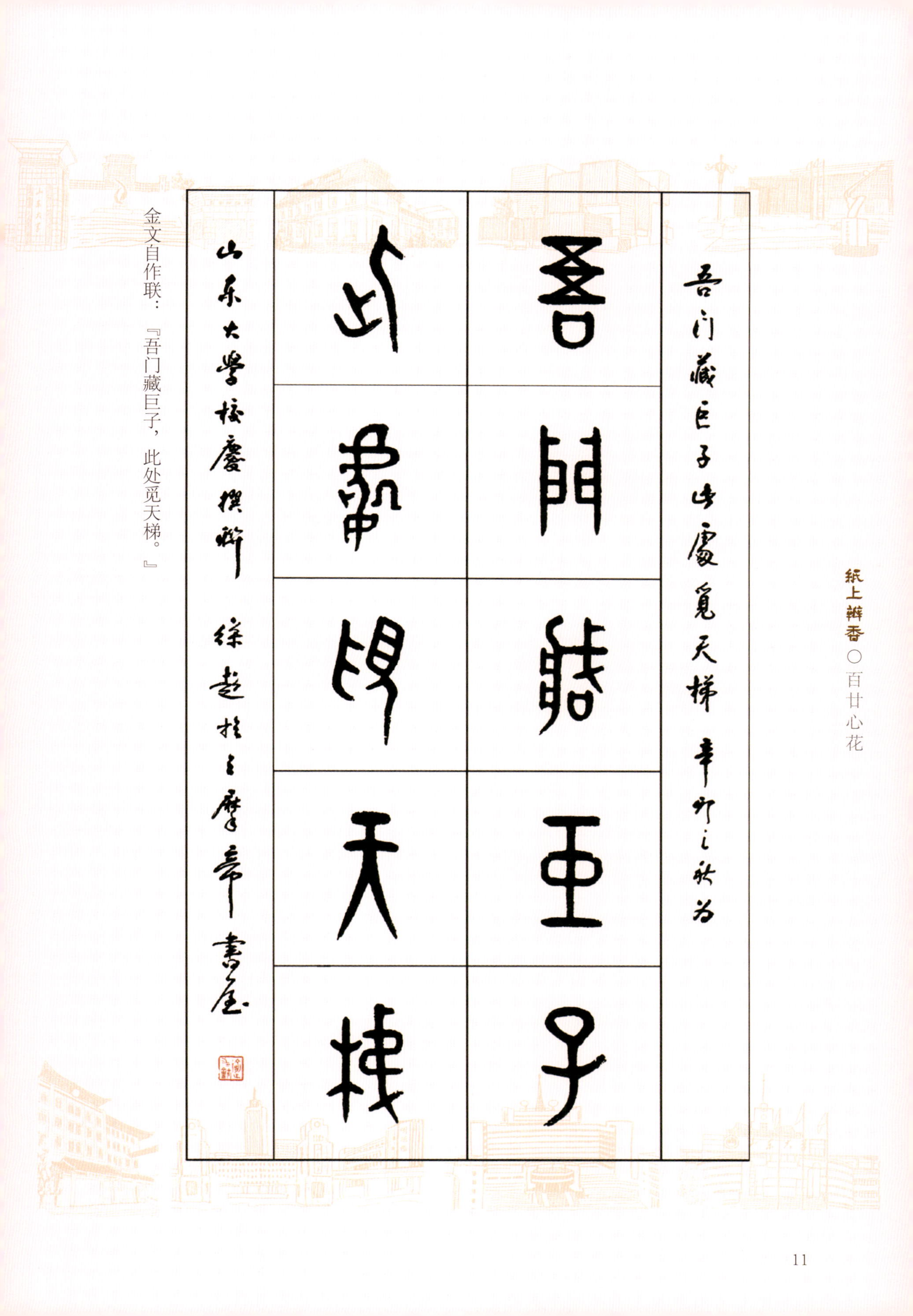

吾門藏巨子

此處覓天梯

金文自作联：『吾门藏巨子，此处觅天梯。』

吾门藏巨子 学处觅天梯 辛卯之秋为

吾門藏巨子

學處覓天梯

山东大学校庆撰联 徐超于三摩斋书

金文中堂：『立德树人，崇实求新。』

立德樹人
崇實求新
立德樹人崇實求新 歲在辛丑 徐超

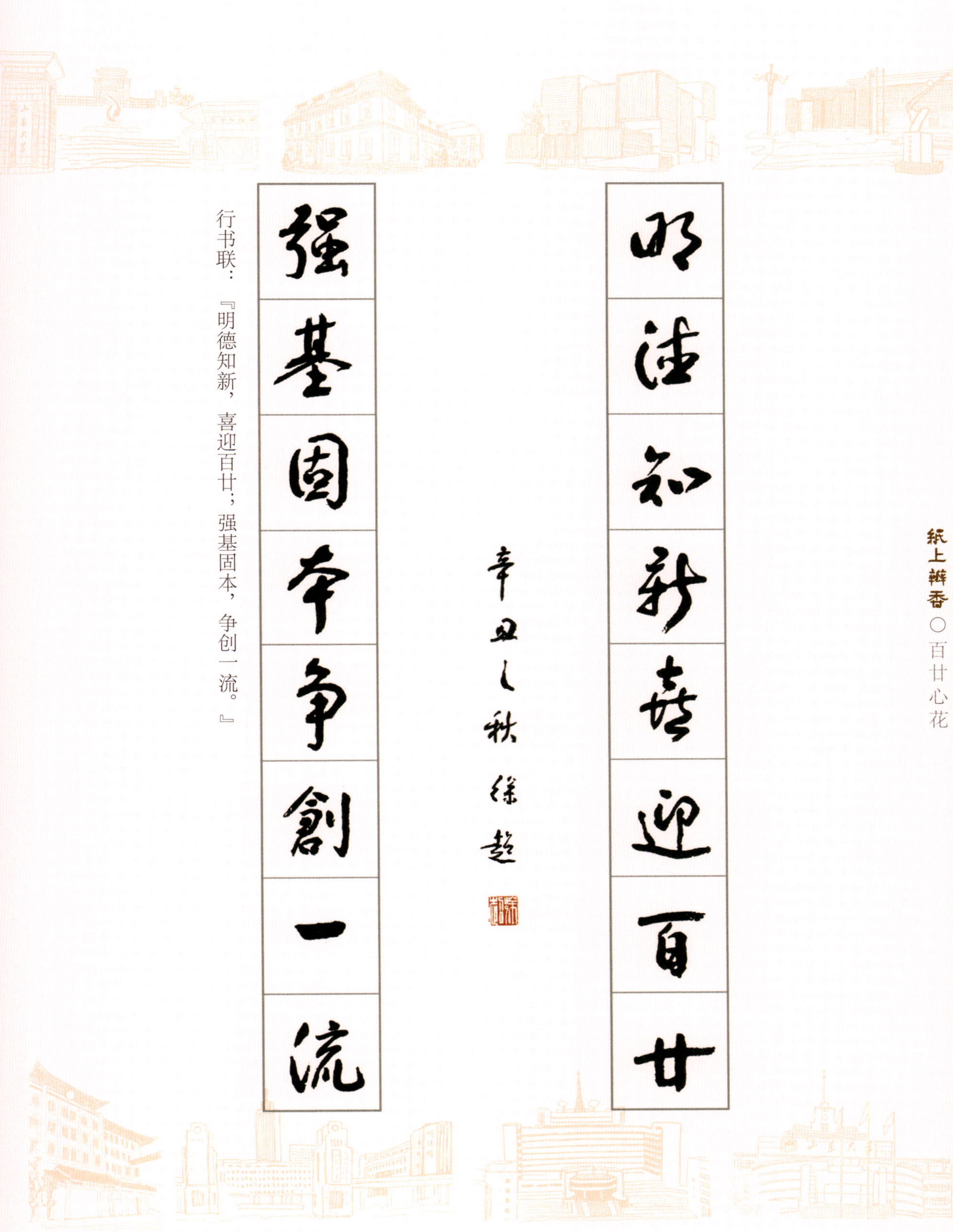

行书联：『明德知新，喜迎百廿；强基固本，争创一流。』

山東大學百廿校慶紀念

储才图强牢记初心使命

守正求新勇攀世界高峰

辛丑之秋穀旦古楚静斋徐超於三摩斋书屋

行书联：『储才图强，牢记初心使命；守正求新，勇攀世界高峰。』

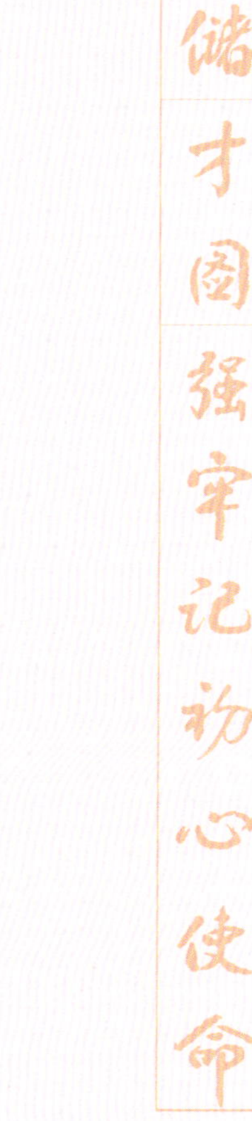

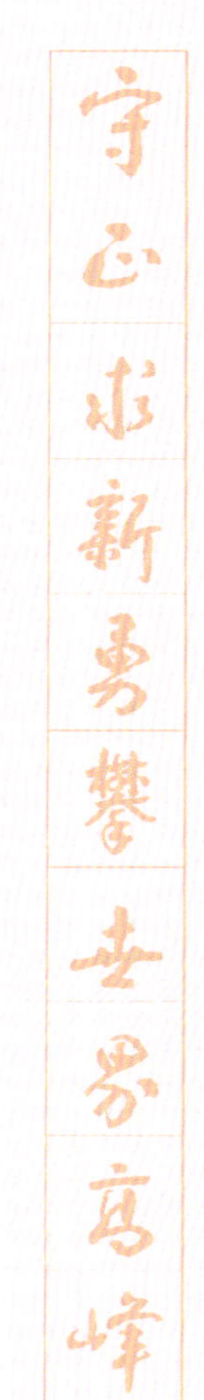

山東大學百廿校慶紀念

金文为山东大学图书馆题联：『三坟五典八索九丘，我所奄有；六艺七音百家诸子，君其会通。』上联说，各种典籍馆里都有收藏。三坟、五典、八索、九丘代表先秦典籍，见《左传》记载。下联的意思是希望读者通过读书，努力掌握各种学说和相关技能。六艺、七音、百家、诸子，这里泛指传统学说和相关技能。

三墳五典八索九丘我所有

三墳五典八索九丘我所有六藝七音百家諸子君其會通

六藝七音百家諸子君其會通

為山東大學圖書館撰聯並篆 辛丑之冬靜齋徐超於三摩亭書也

山東大學百廿校慶紀念

金文为山东大学博物馆题联：『陶釜玉人龟甲字，皆史家所宝；法书名画簠盘文，亦艺苑之珍。』全联说馆藏文物之珍贵。

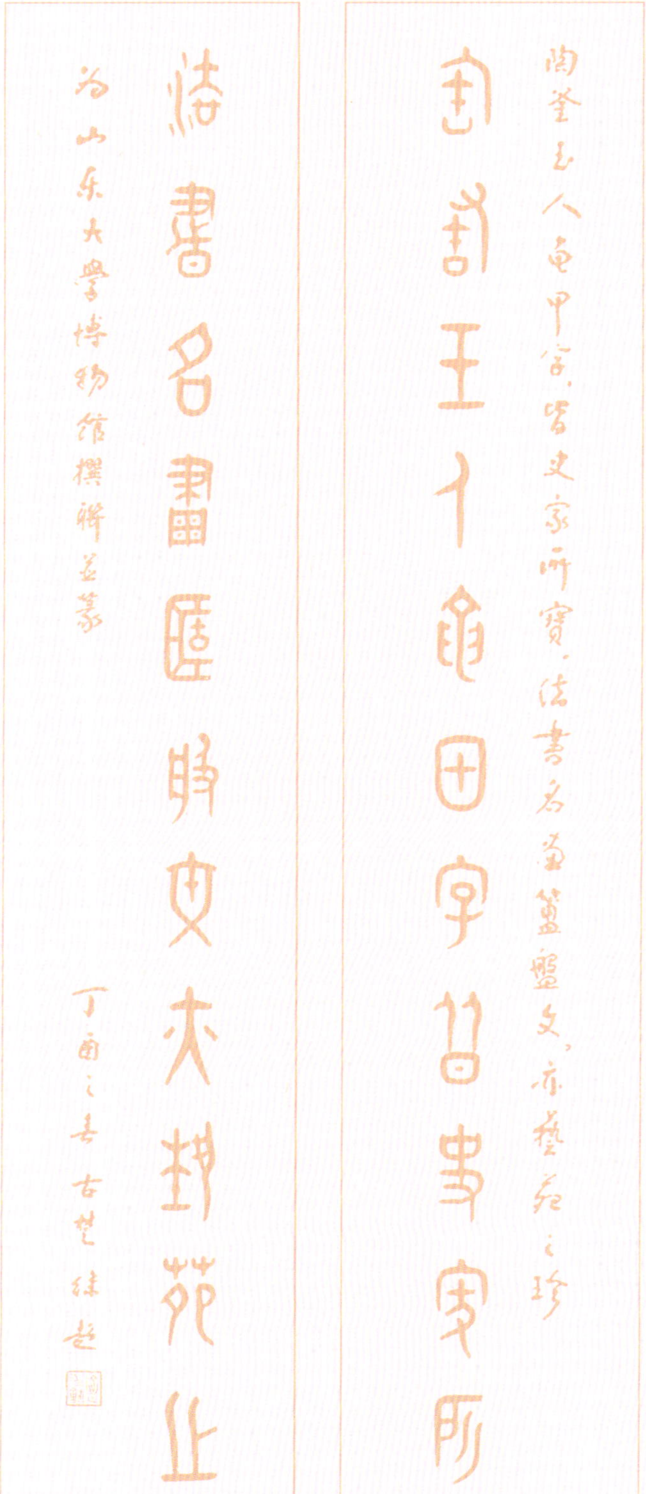

陶釜玉人龜甲字皆史家所寶
陶釜玉人龟甲字，皆史家所宝，法书名画盘盂文，亦艺苑之珍
法書名畫匜盤文亦埶苑之珍
为山东大學博物館撰聯并篆
丁酉之春 古埜 徐超

山東大學百廿校慶紀念

篆刻：“山东大学百廿华诞。”

山東大學
百廿華誕

山東大學百廿校慶紀念

高怀澄水月（韩琦），秀气禀山川（葛立方）。

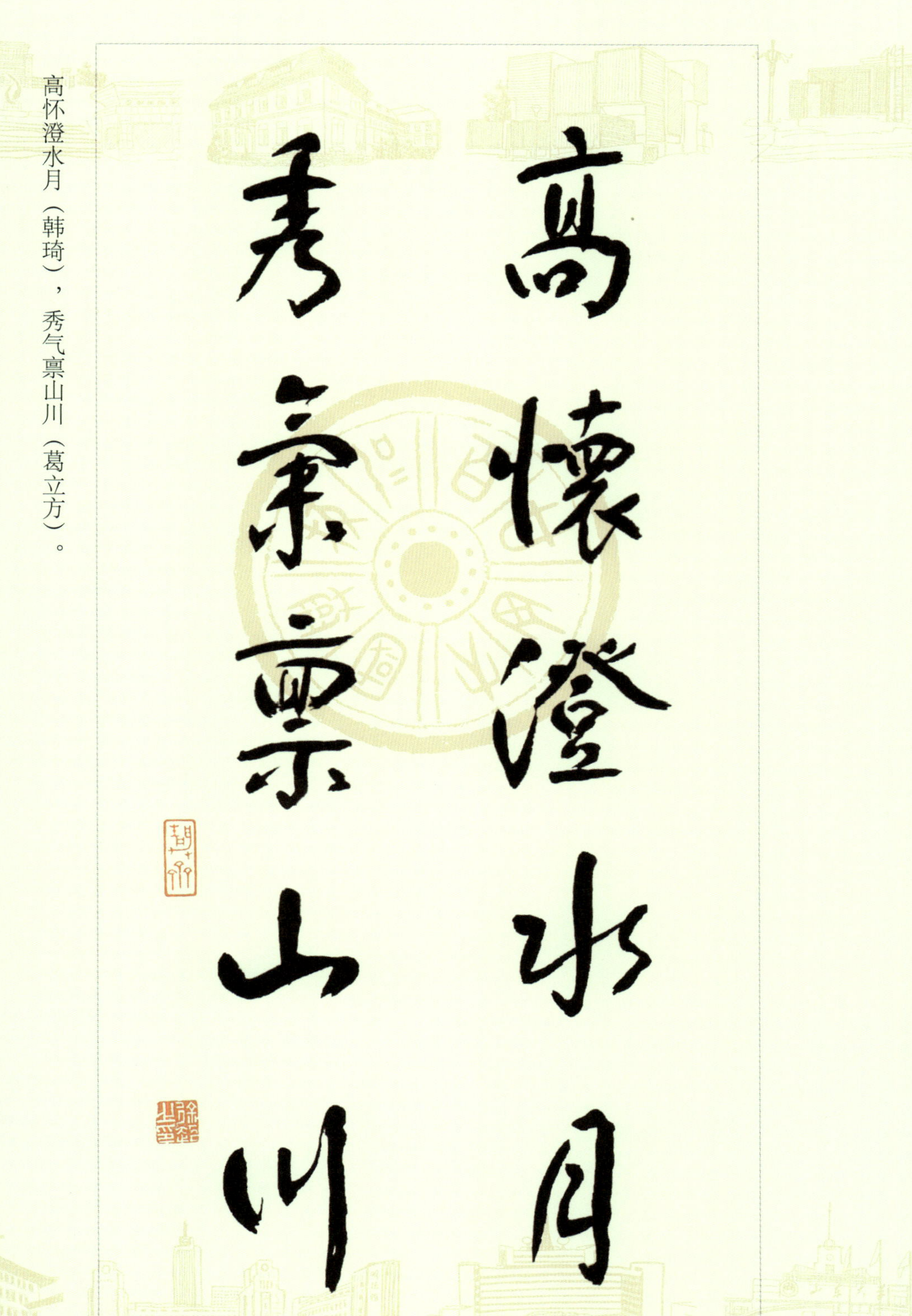

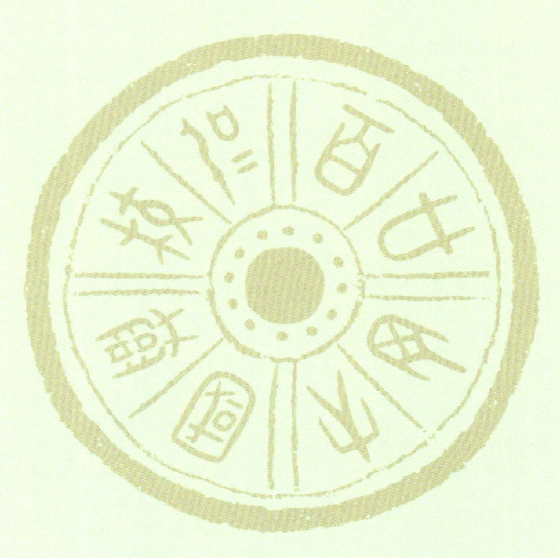

山東大學百廿校慶紀念

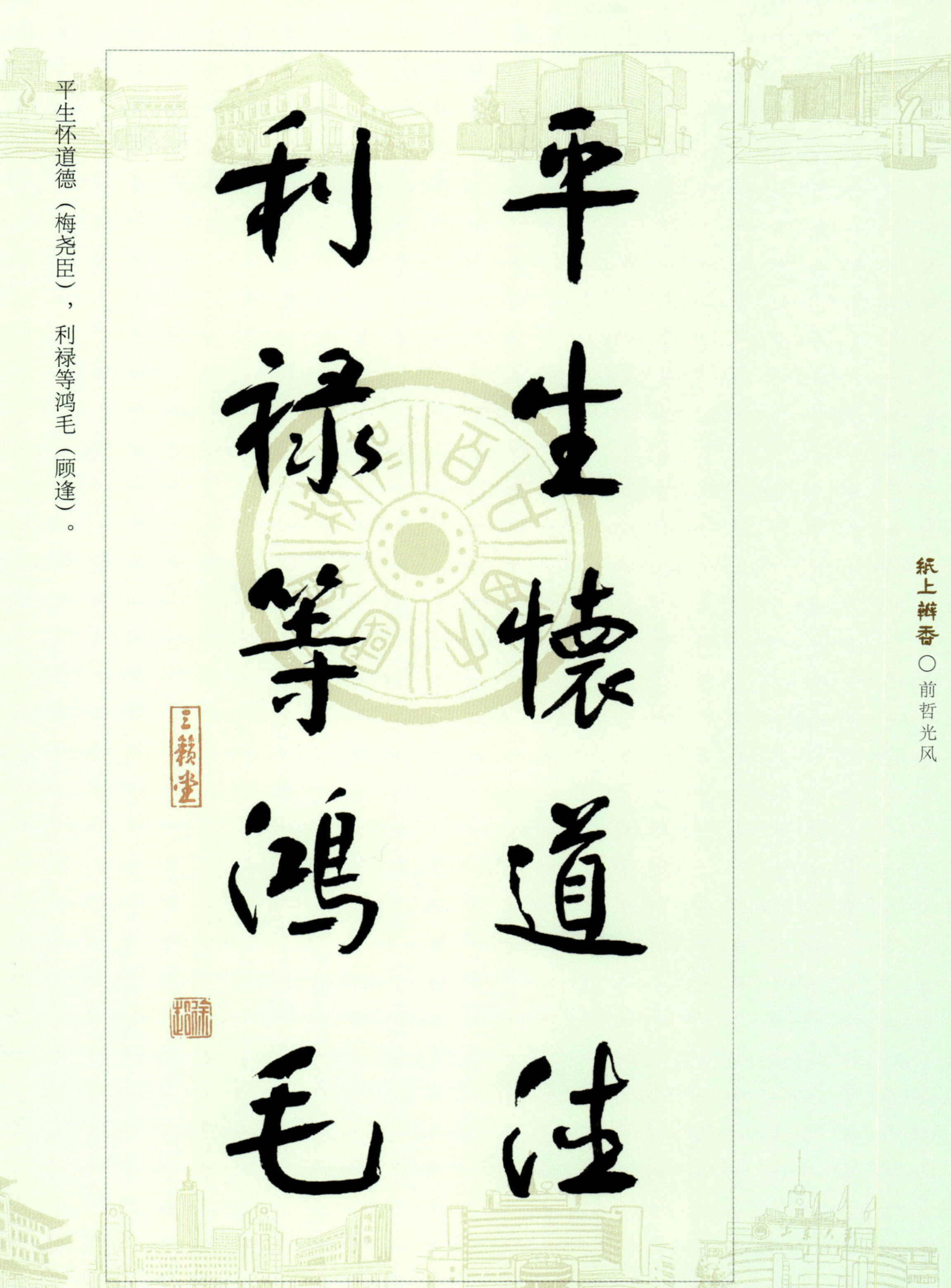

平生怀道德（梅尧臣），利禄等鸿毛（顾逢）。

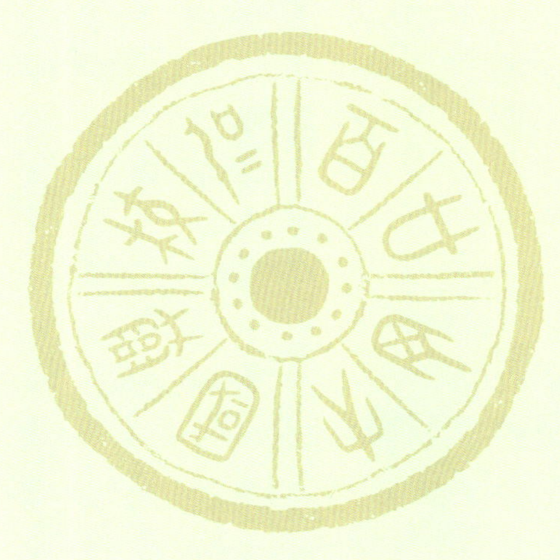

山東大學百廿校慶紀念

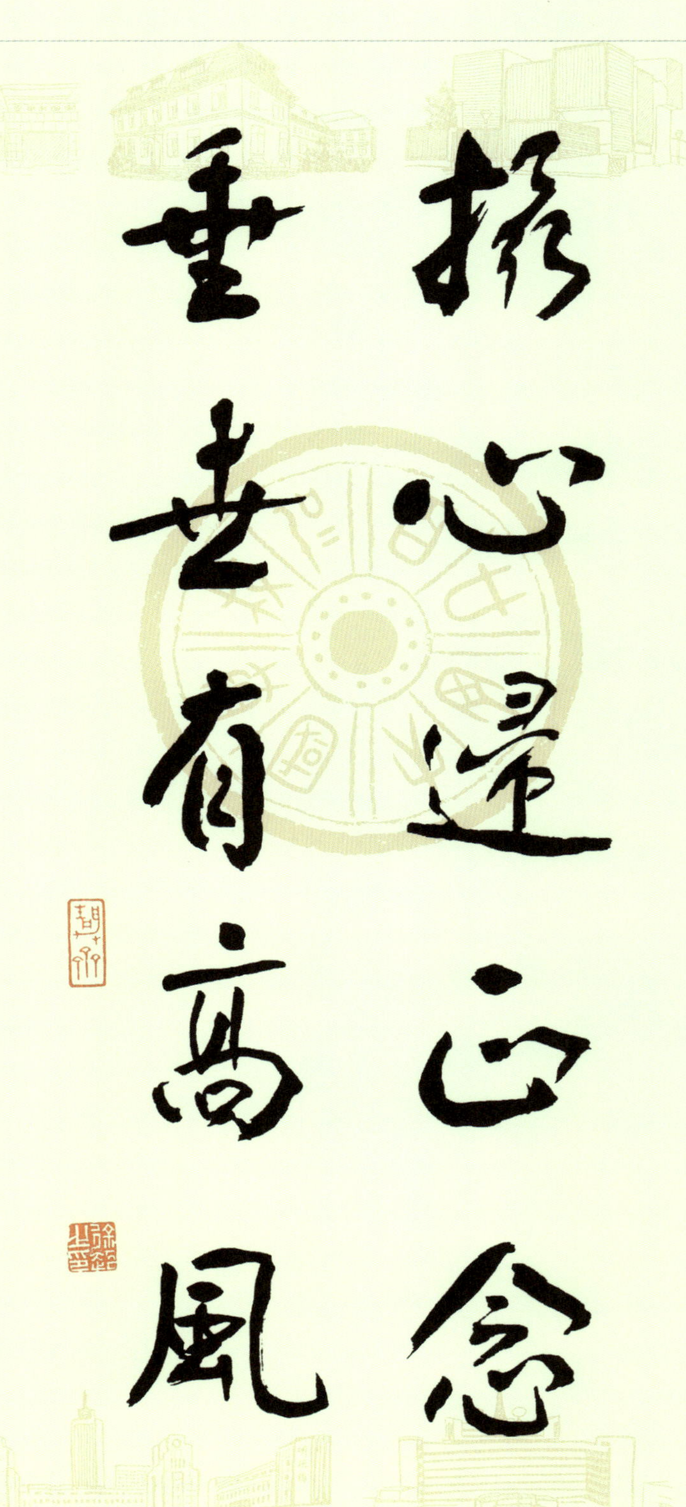

摄心归正念（宋太宗），垂世有高风（潘時）。

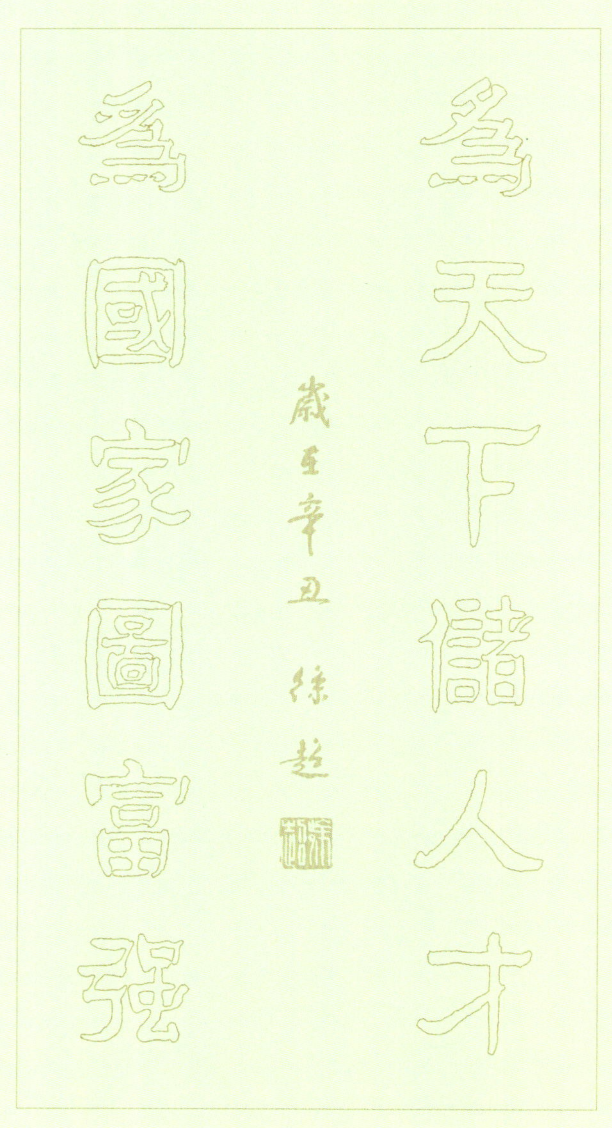

山東大學百廿校慶紀念

先生秉大雅（吴儆），君子如真金（戴炳）。

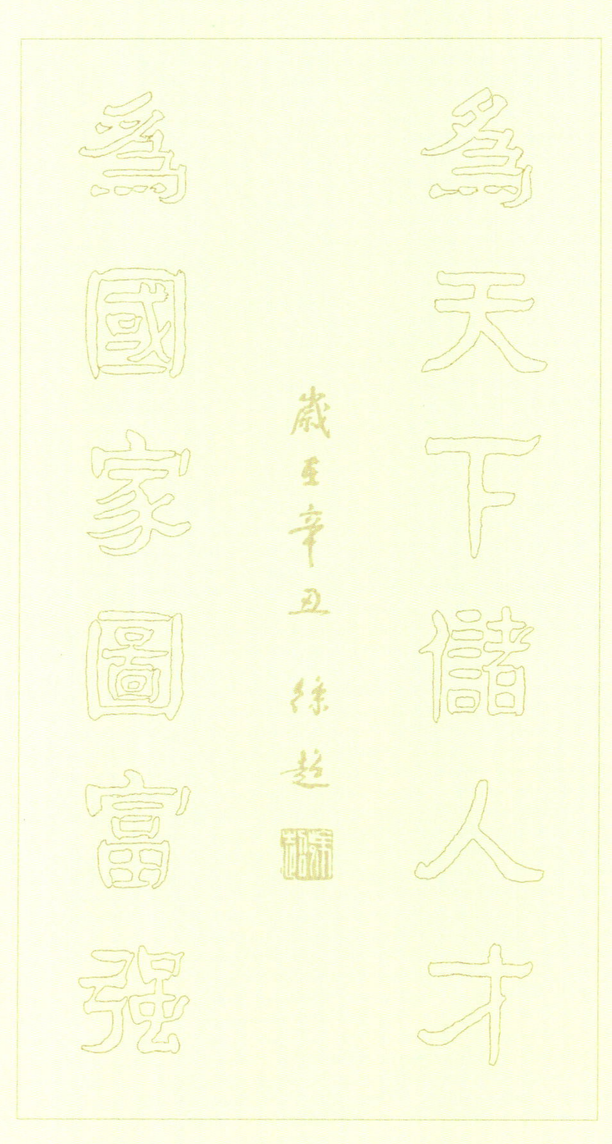

山東大學百廿校慶紀念

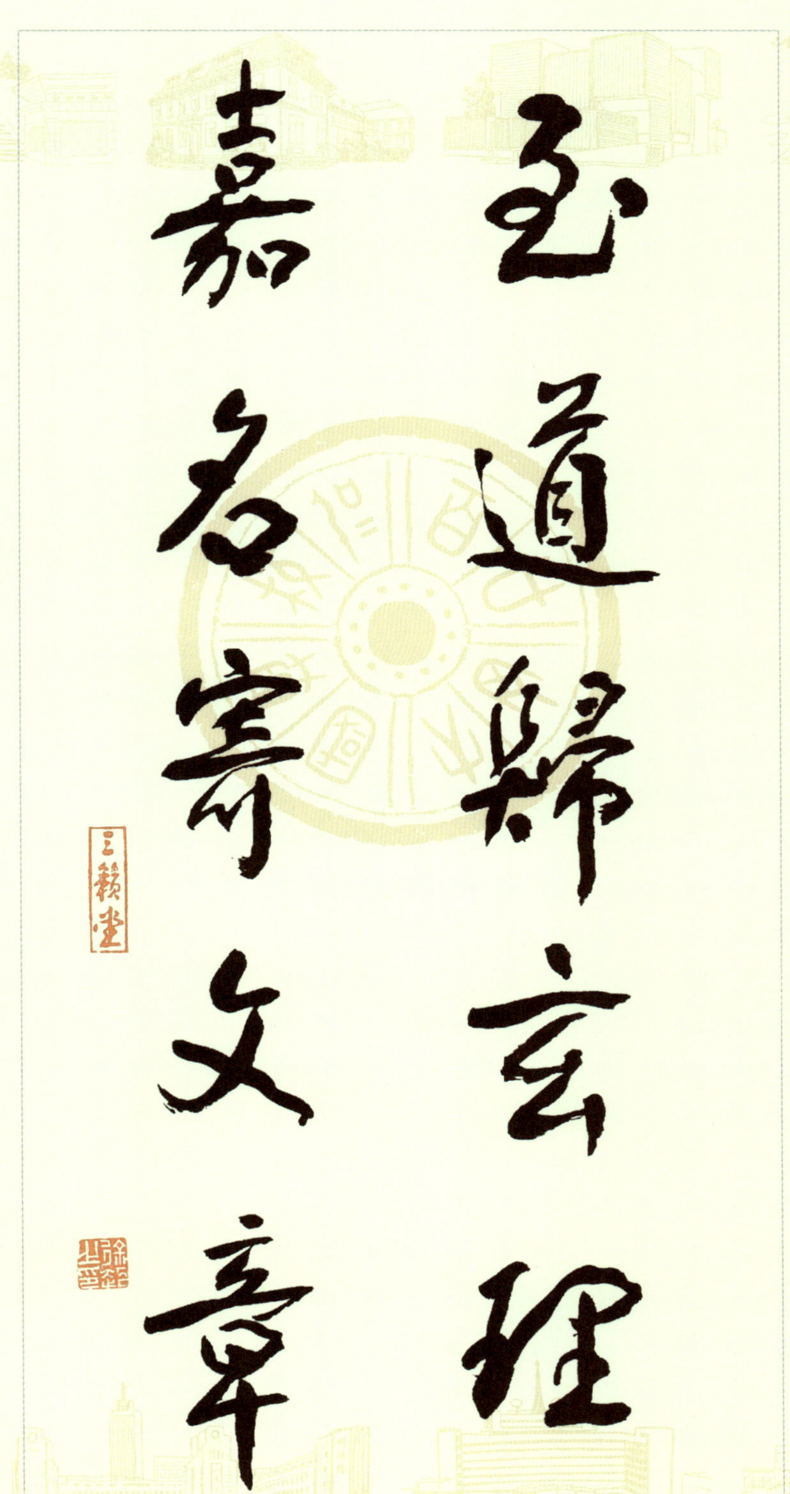

至道归玄理（宋太宗），嘉名寄文章（唐仲友）。

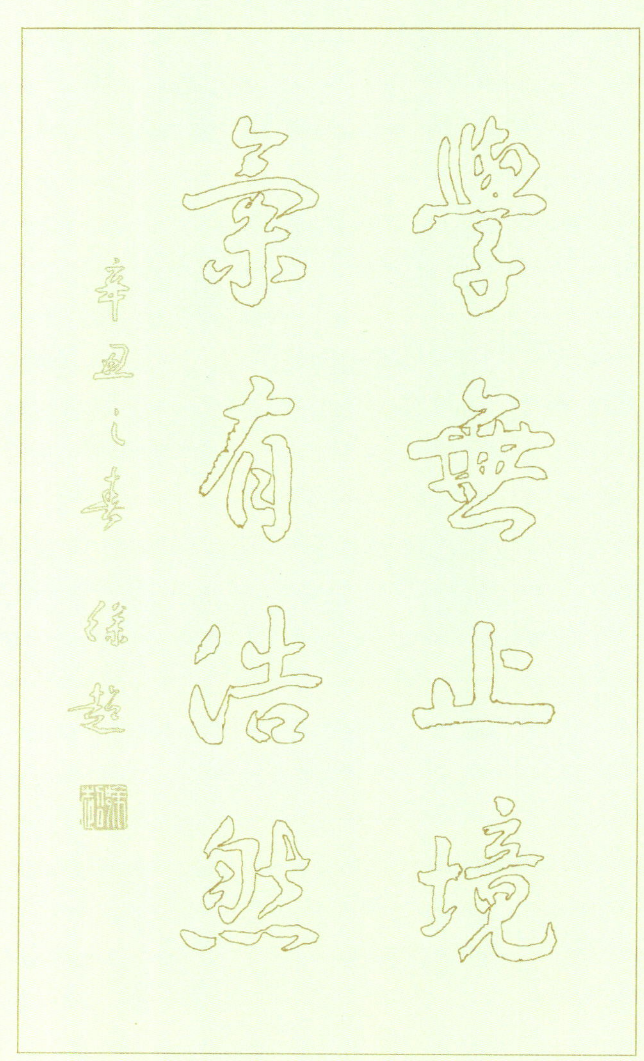
學無止境
氣有浩然
辛丑之春

道义千钧重（郭印），邦都万纸传（强至）。

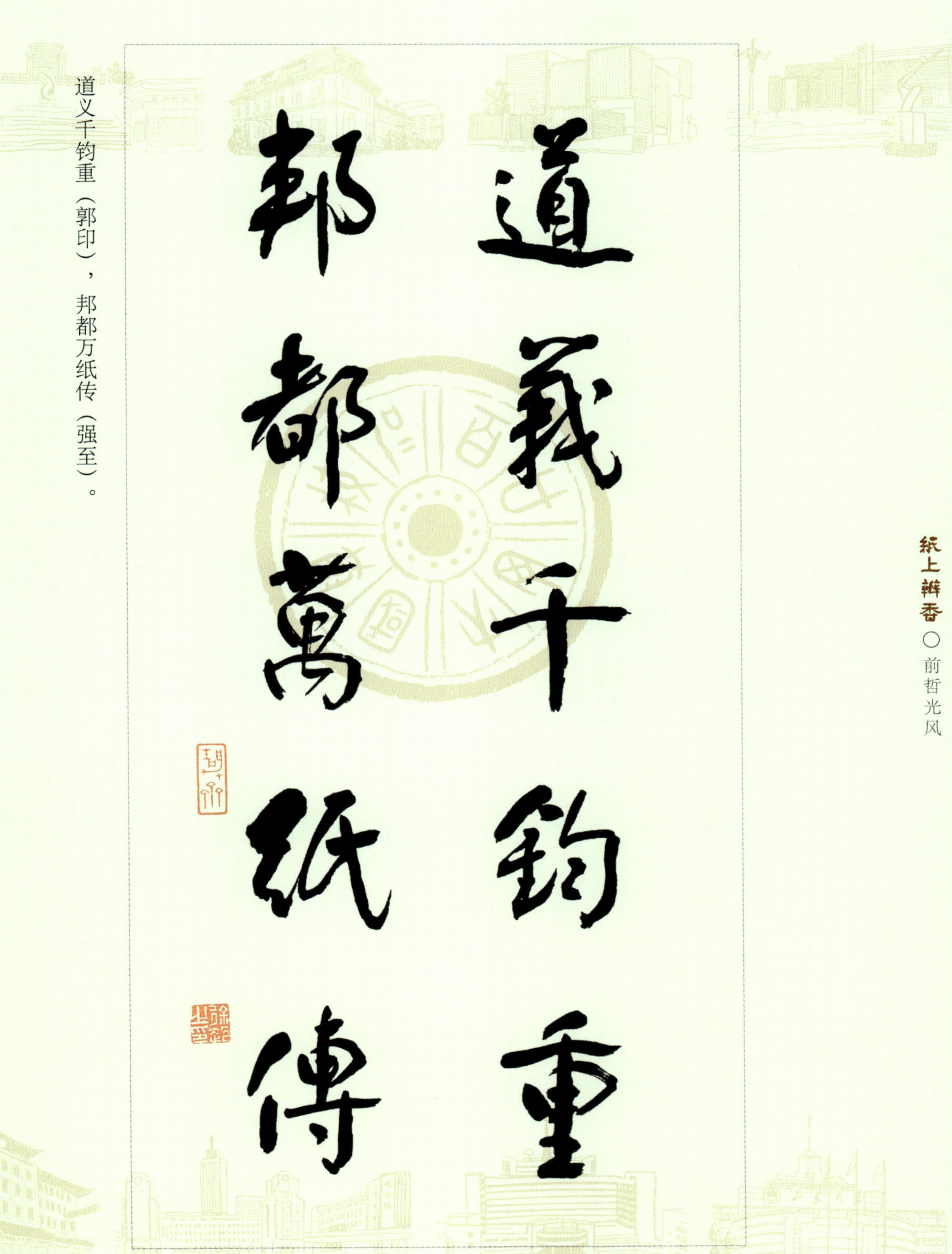

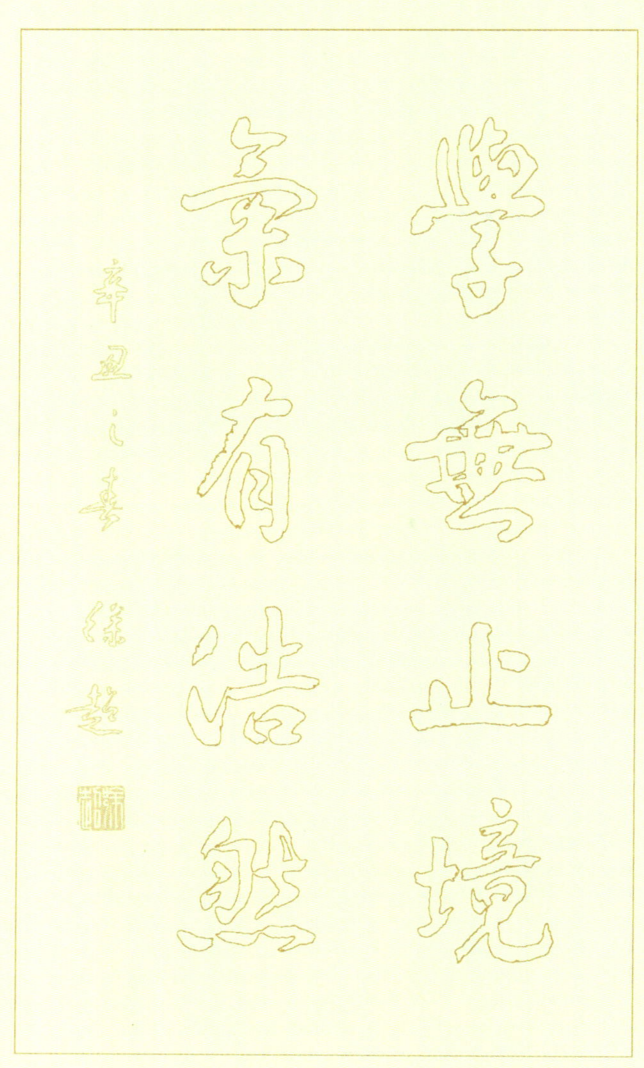
學無止境
氣有浩然

通经闻大道（方回），润物有深功（释智圆）。

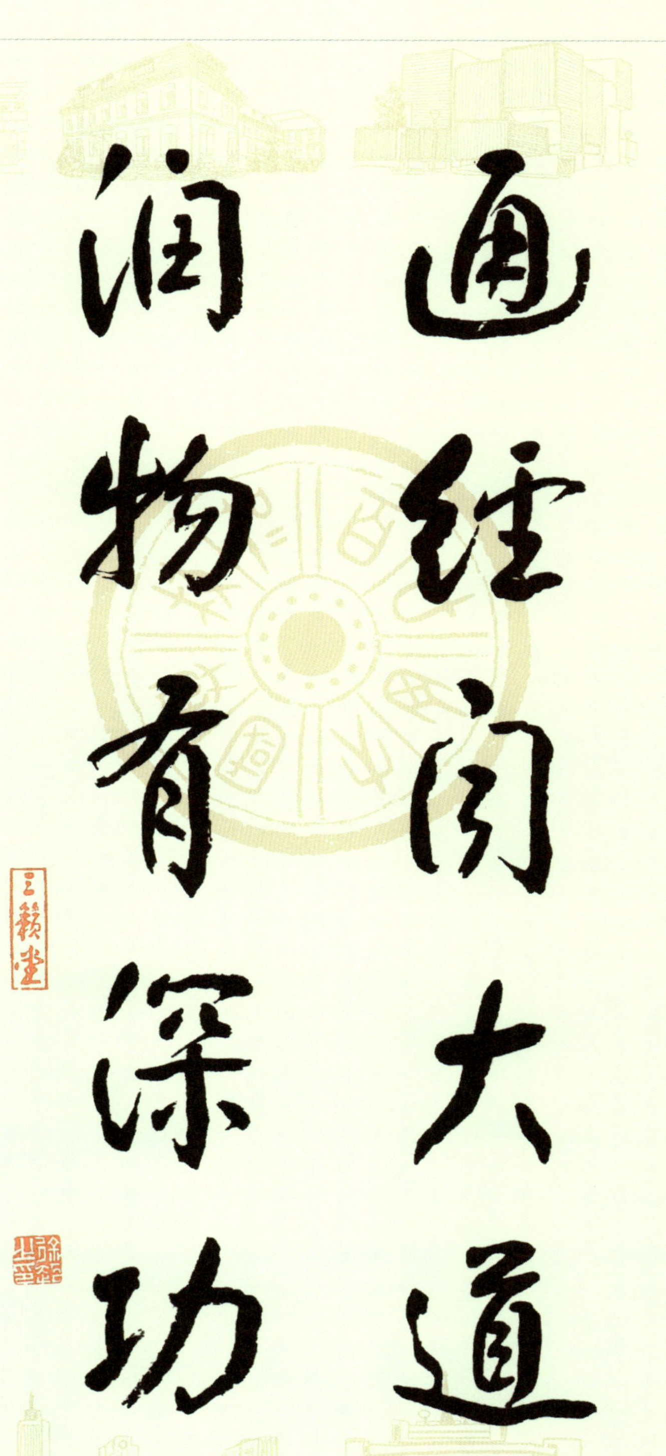

南傍佛崖西鄰趵突东有老城
本部曾经三校合璧

辛丑之春

片區且看九園聯珠

徐超

遠通威海再登青島近攬龍山

山東大學百廿校慶紀念

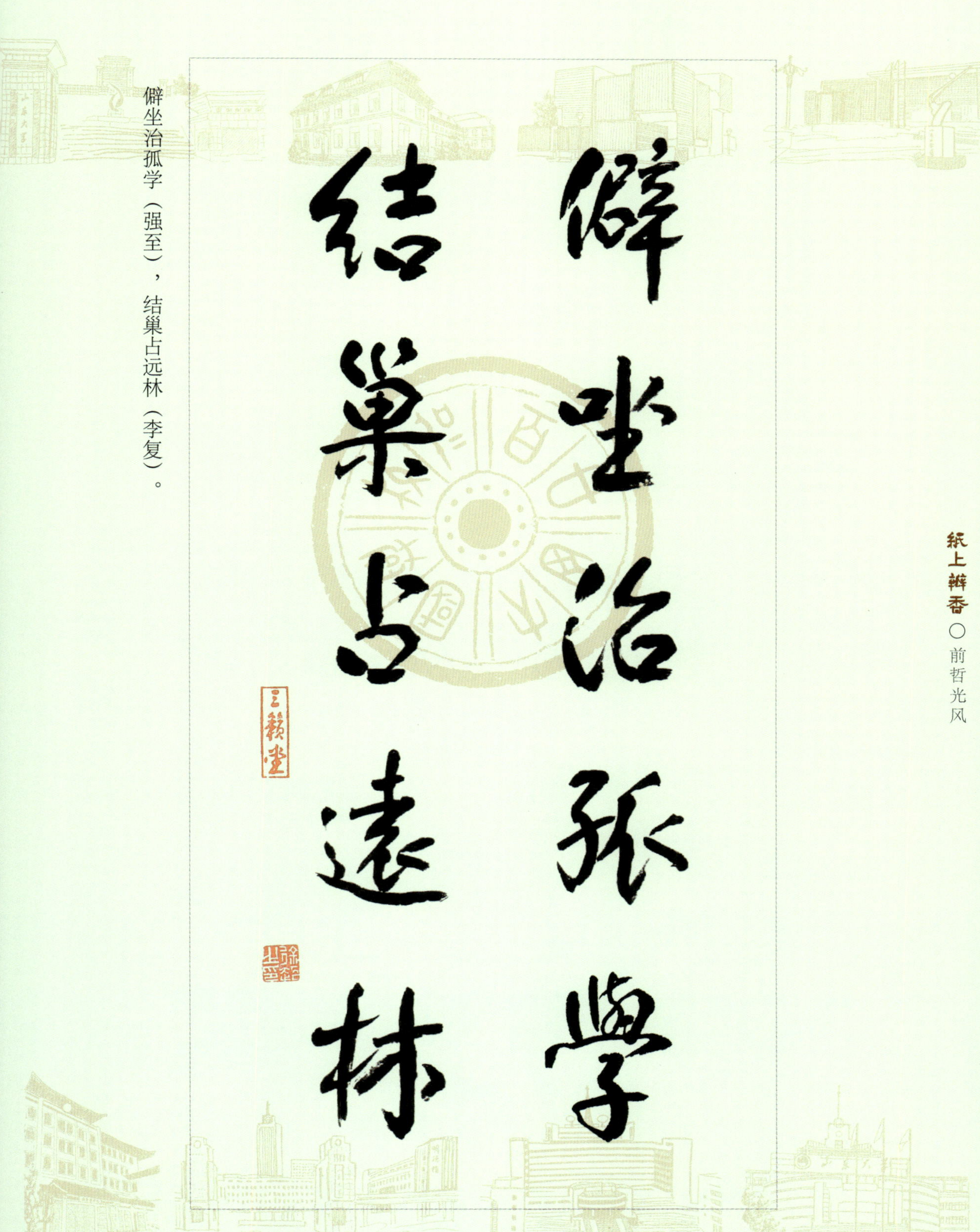

僻坐治孤学（强至），结巢占远林（李复）。

南傍佛崖西邻趵突东有老校
本部曾经三校合璧

辛丑之春

片区且看九园联珠

徐超

远通威海再登青岛近揽龙山

山東大學百廿校慶紀念

达人知淡泊（宋太宗），高论吐峥嵘（欧阳修）。

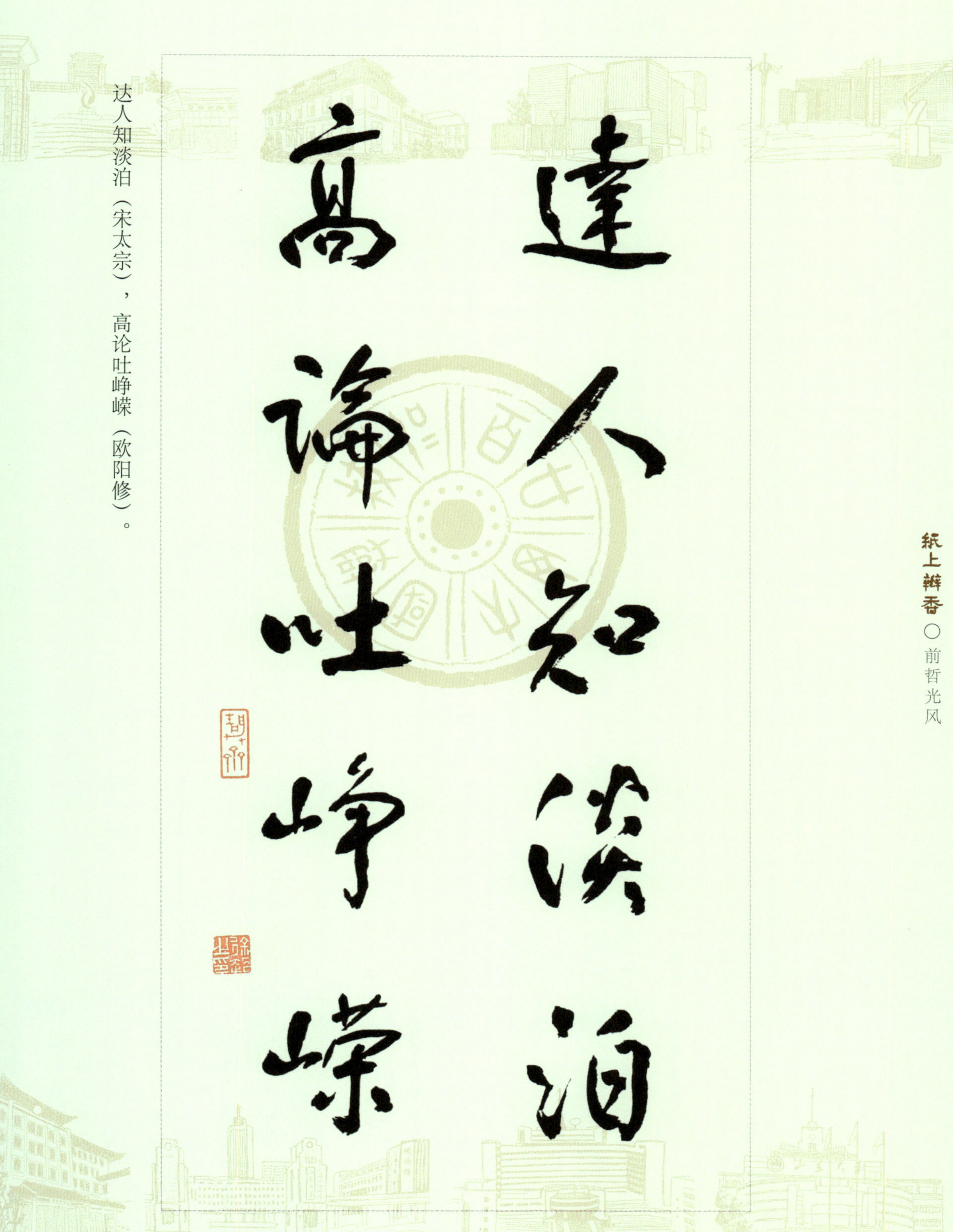

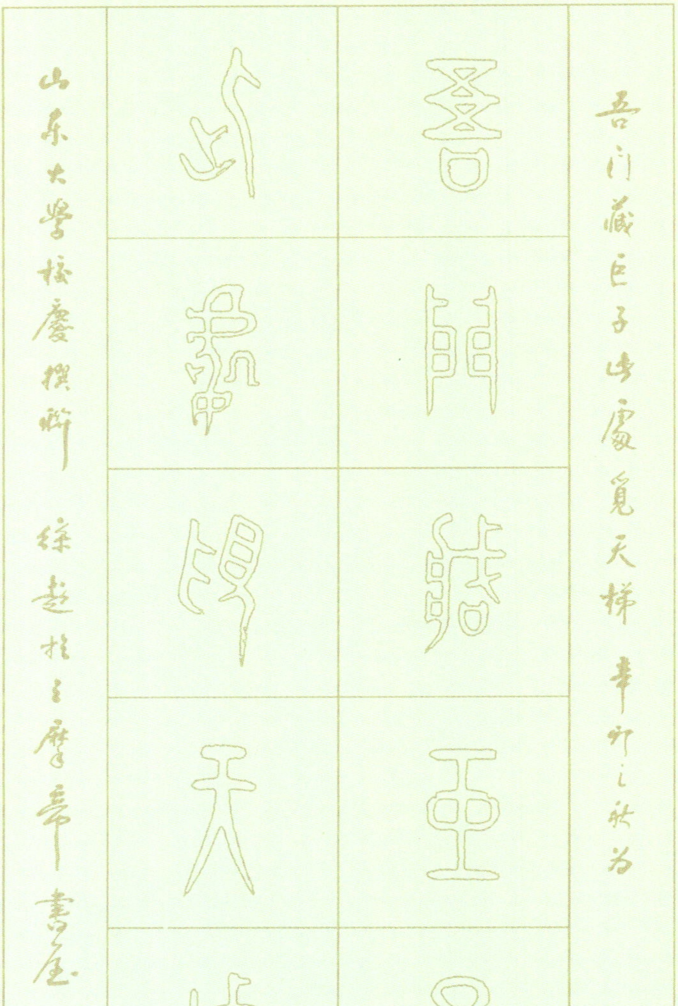

吾門藏巨子

步處覓天梯

吾门藏巨子 步处觅天梯 辛卯之秋为

山东大学校庆撰联 徐超於三摩斋书屋

山東大學百廿校慶紀念

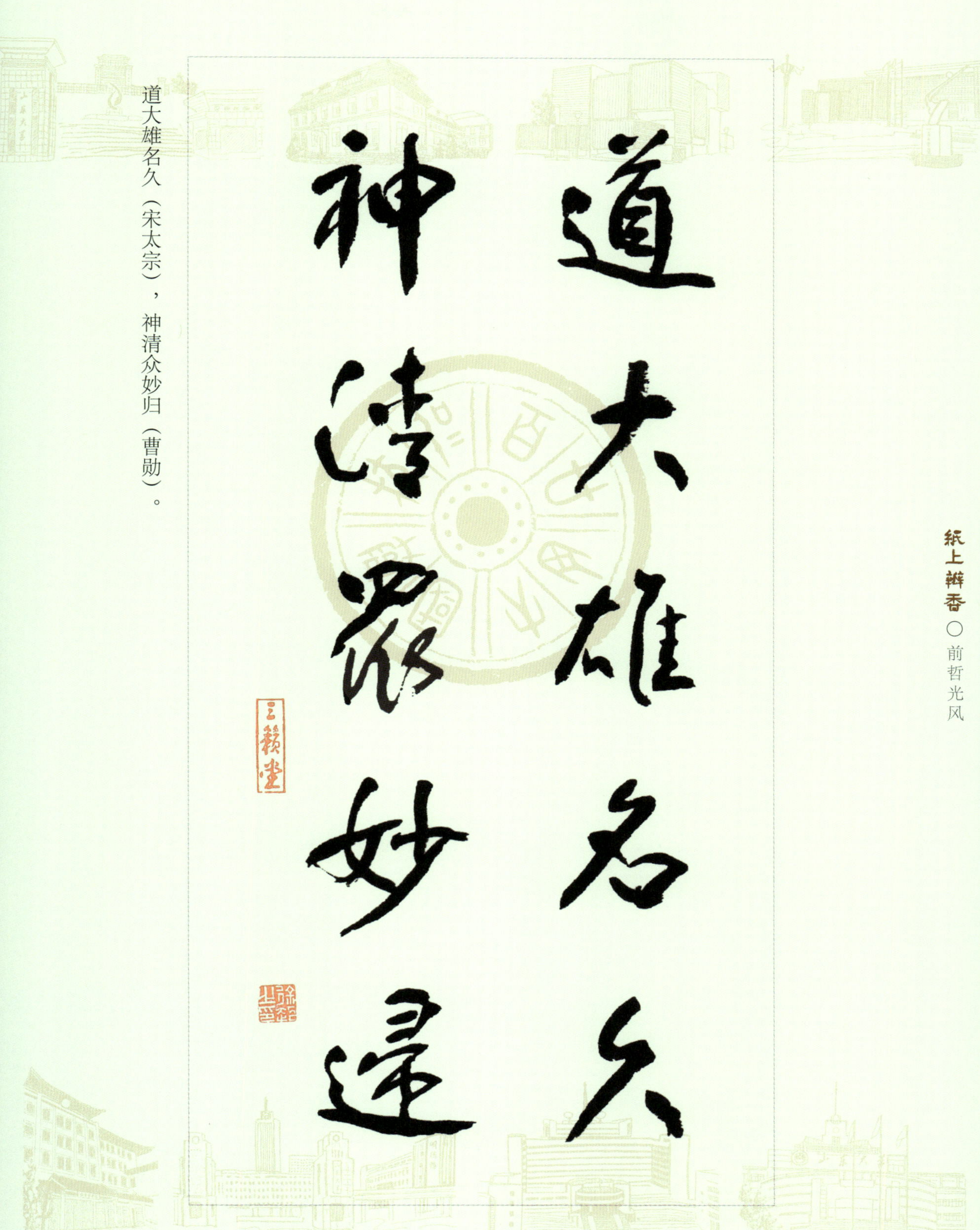

道大雄名久（宋太宗），神清众妙归（曹勋）。

吾門藏臣子 辛卯之秋為

吾門藏臣子

此處覓天梯

山東大學校慶撰聯 徐超於之磨亭書屋

山東大學百廿校慶紀念

天花飘讲席（杨亿），雅道付知音（毕仲游）。

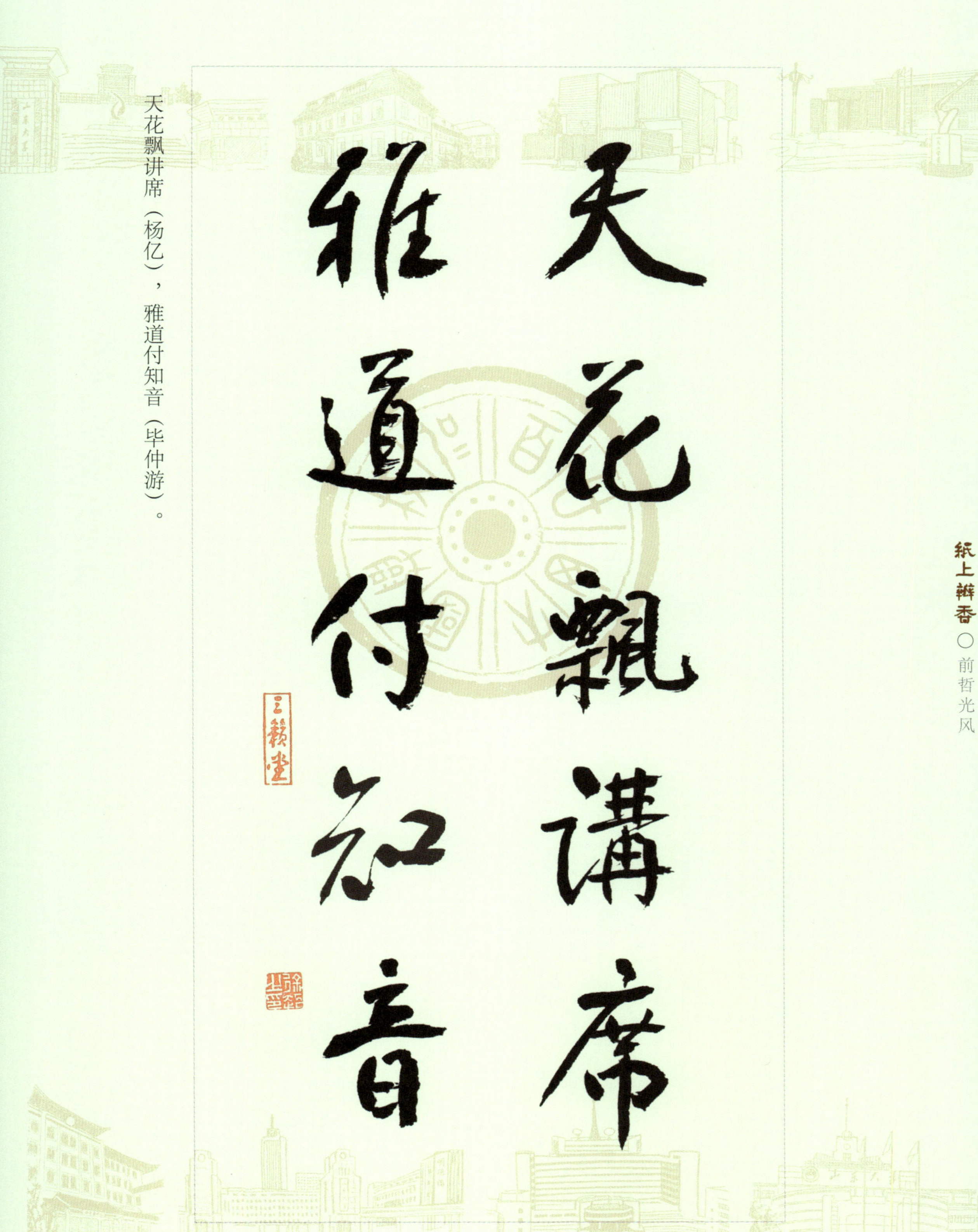

山東大學百廿華誕

山東大學百廿校慶紀念

题评付大手（周紫芝），落笔惊游龙（晁公遡）。

题评付大手
落筆驚遊龍

山東大學百廿華誕

山東大學百廿校慶紀念

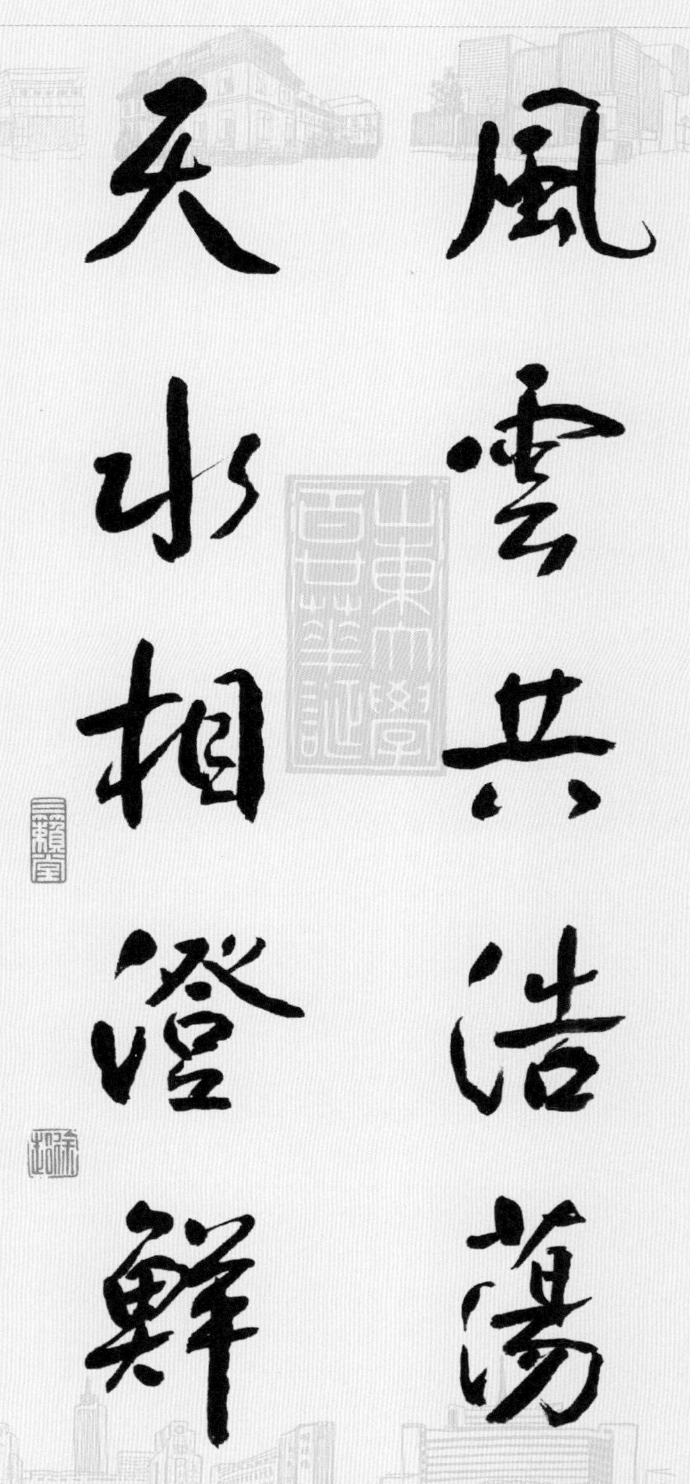

风云共浩荡（释元净），天水相澄鲜（陆游）。

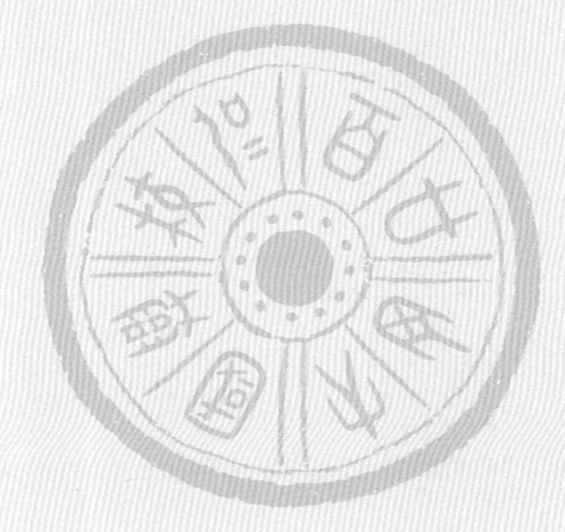

山東大學百廿校慶紀念

开心呈日月（郑思肖），送目入云烟（高绅）。

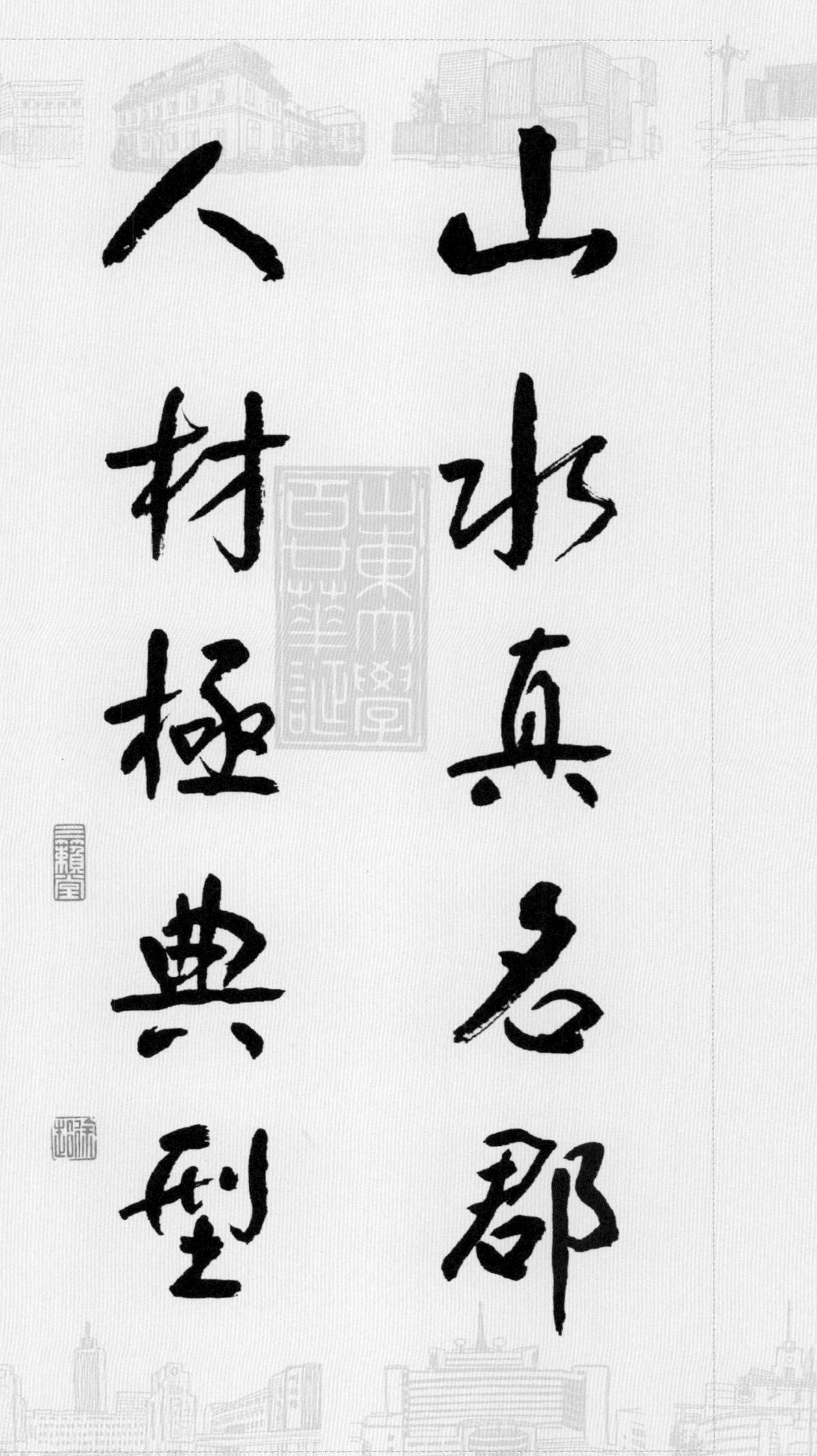

山水真名郡（范仲淹），人才极典型（郑思肖）。

山東大學百廿校慶紀念

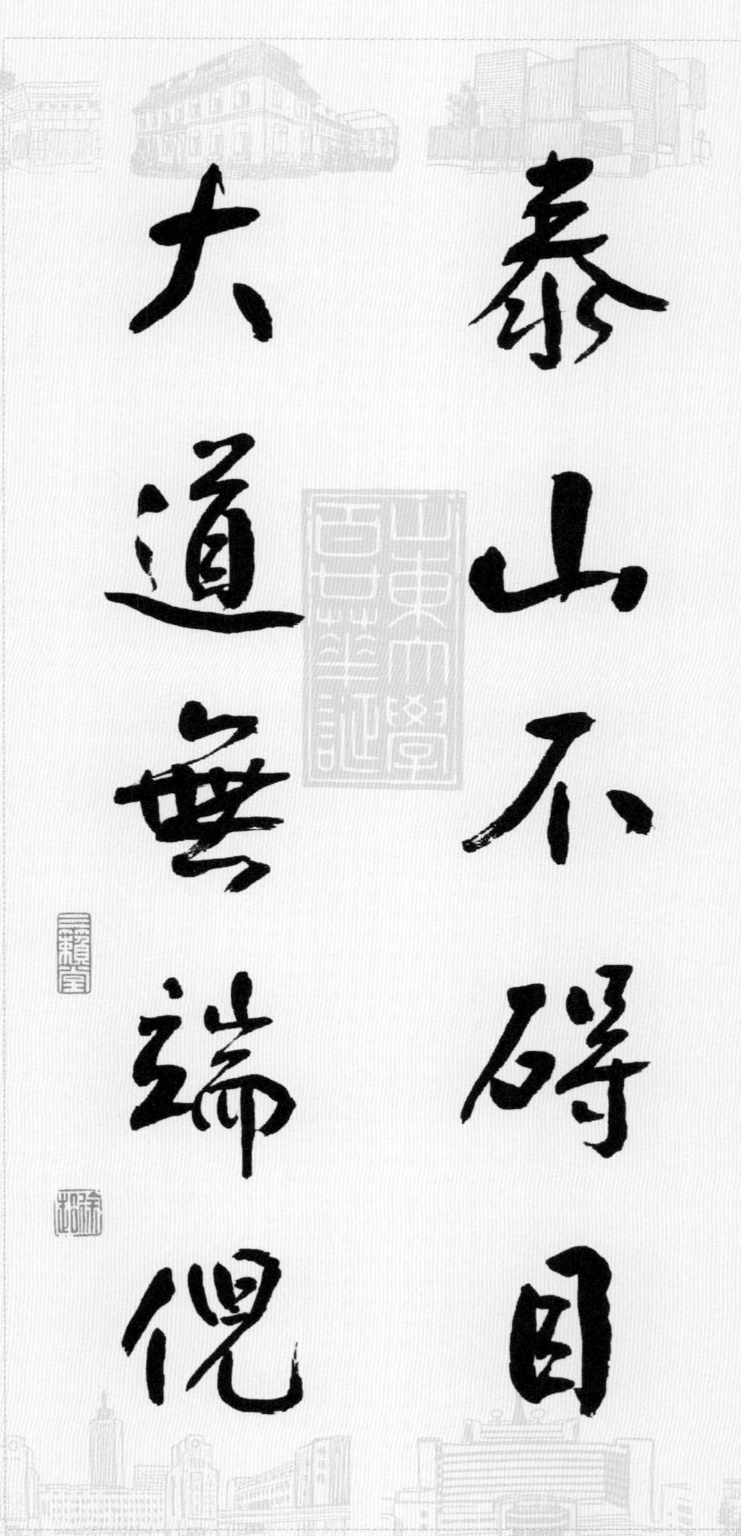

泰山不碍目（范仲淹），大道无端倪（周密）。

山東大學百廿校慶紀念

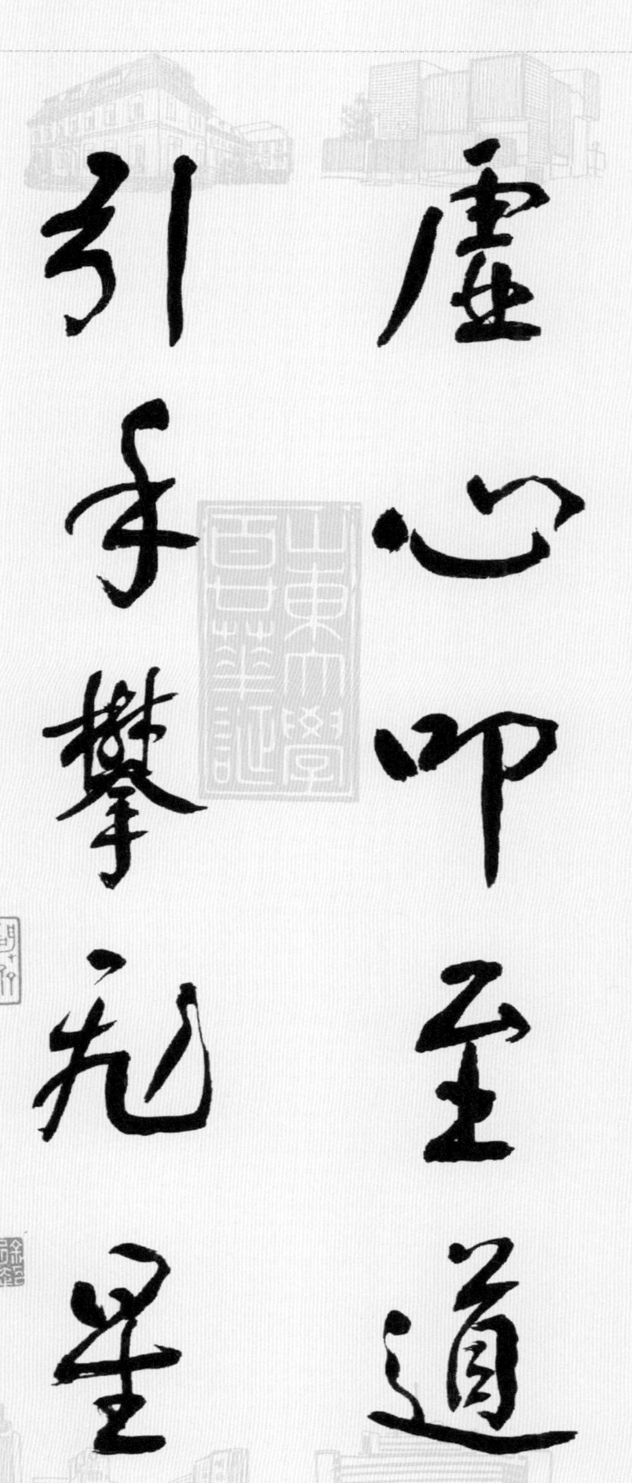

虚心叩至道（谢逸），引手攀飞星（苏轼）。

学无止境
气有浩然

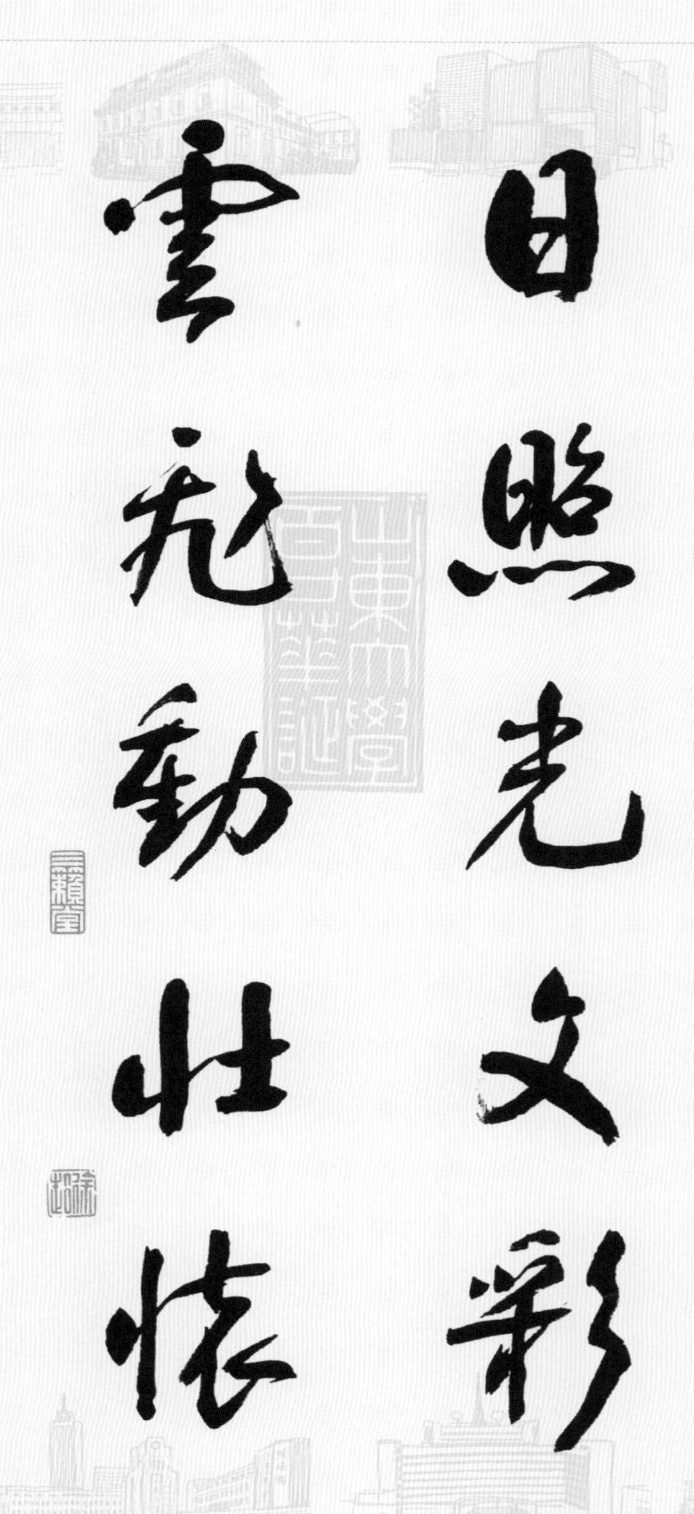

日照光文彩（宋太宗），云飞动壮怀（郑思肖）。

學無止境
氣有浩然

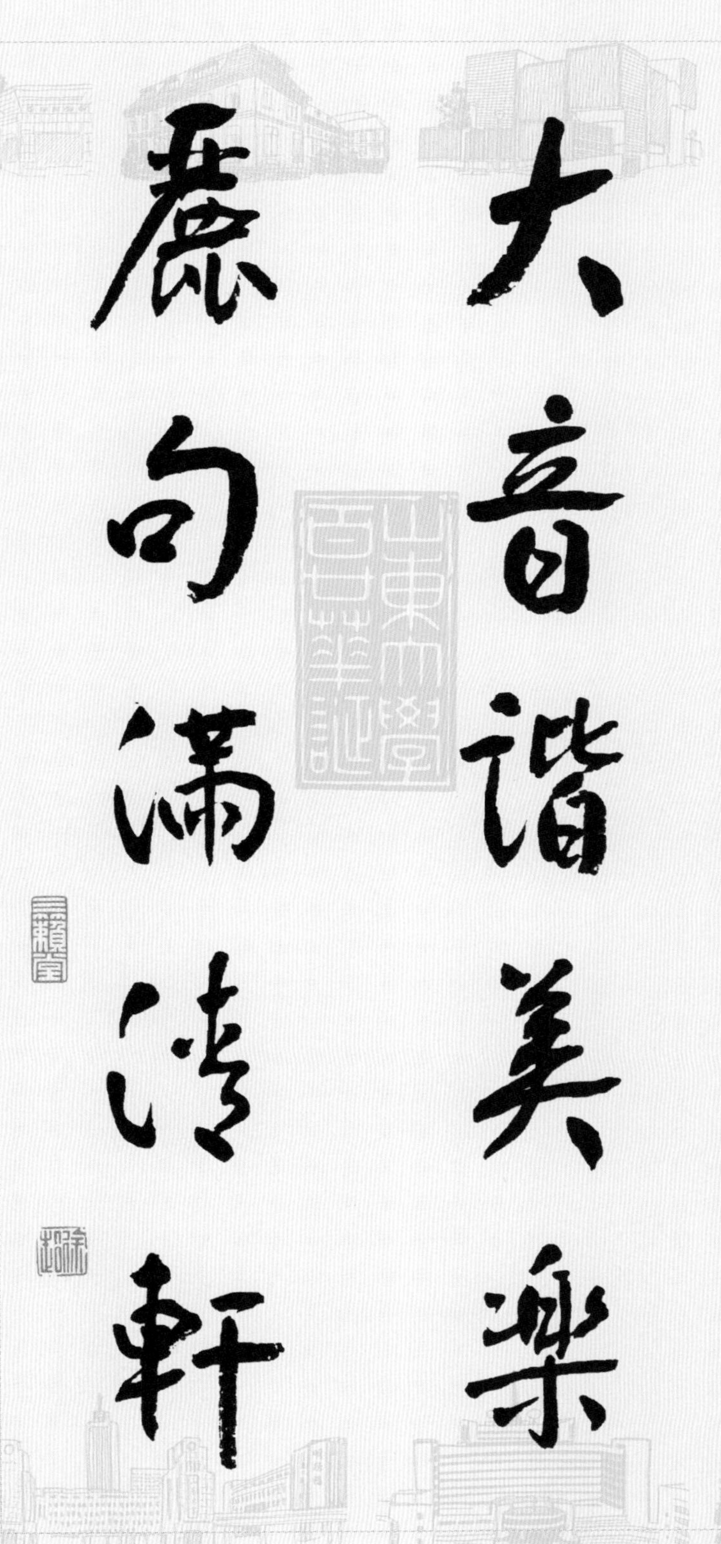

大音谐美乐（周麟之），丽句满清轩（赵诚）。

南傍佛崖西鄰路实东有老新

本部曾经三校合璧

辛丑之春

片區且看九園聯珠

徐超

遠通威海再登青島近攬龍山

山東大學百廿校慶紀念

咏歌扬圣业（梅尧臣），秉笔立明光（李纲）。

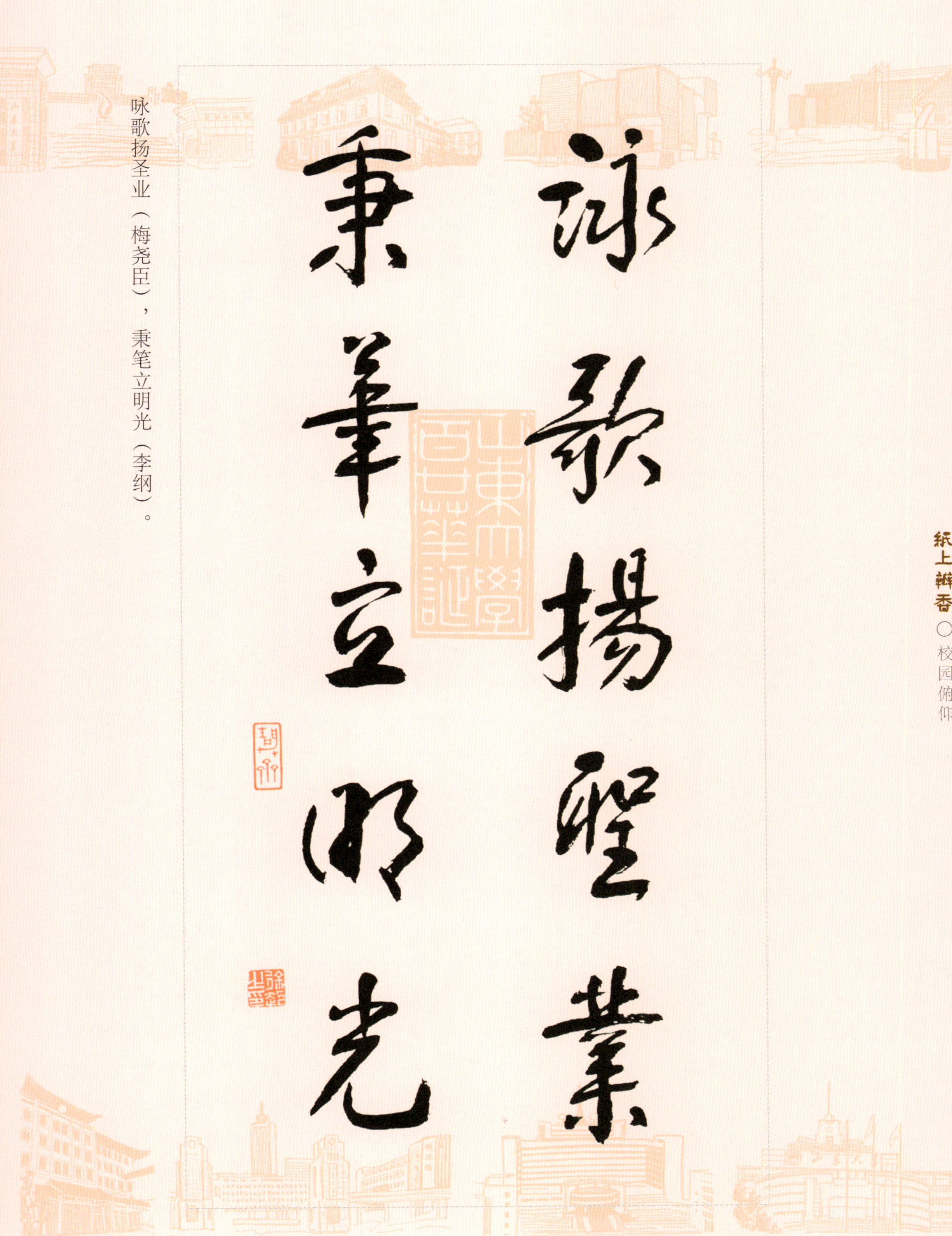

南傍佛崖西邻路实东有老新
本部曾经三校合璧
辛丑之春
片区且看九园拼珠
徐超
远通威海再登青岛近揽龙山

山東大學百廿校慶紀念

远目穷千里（王之望），寸心积万思（董嗣杲）。

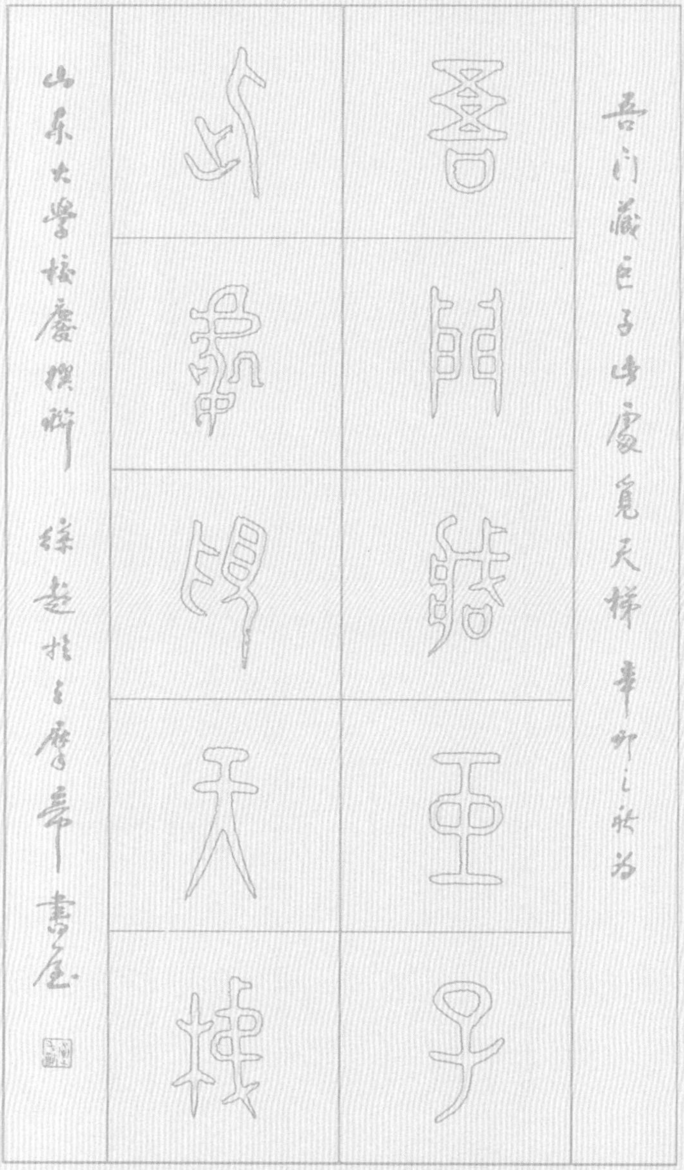

吾門藏臣子

此處覓天梯

吾门藏臣子此处觅天梯 辛卯之秋为

山东大学校庆撰联 徐超于之磨斋书屋

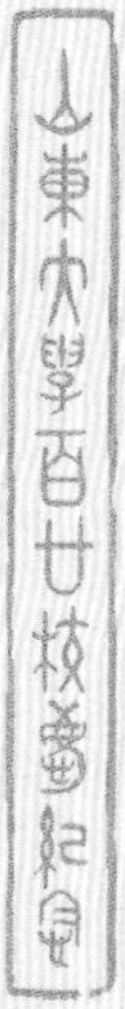

山東大學百廿校慶紀念

禹穴书曾探（刘弇），烟云我自耕（车瑾）。

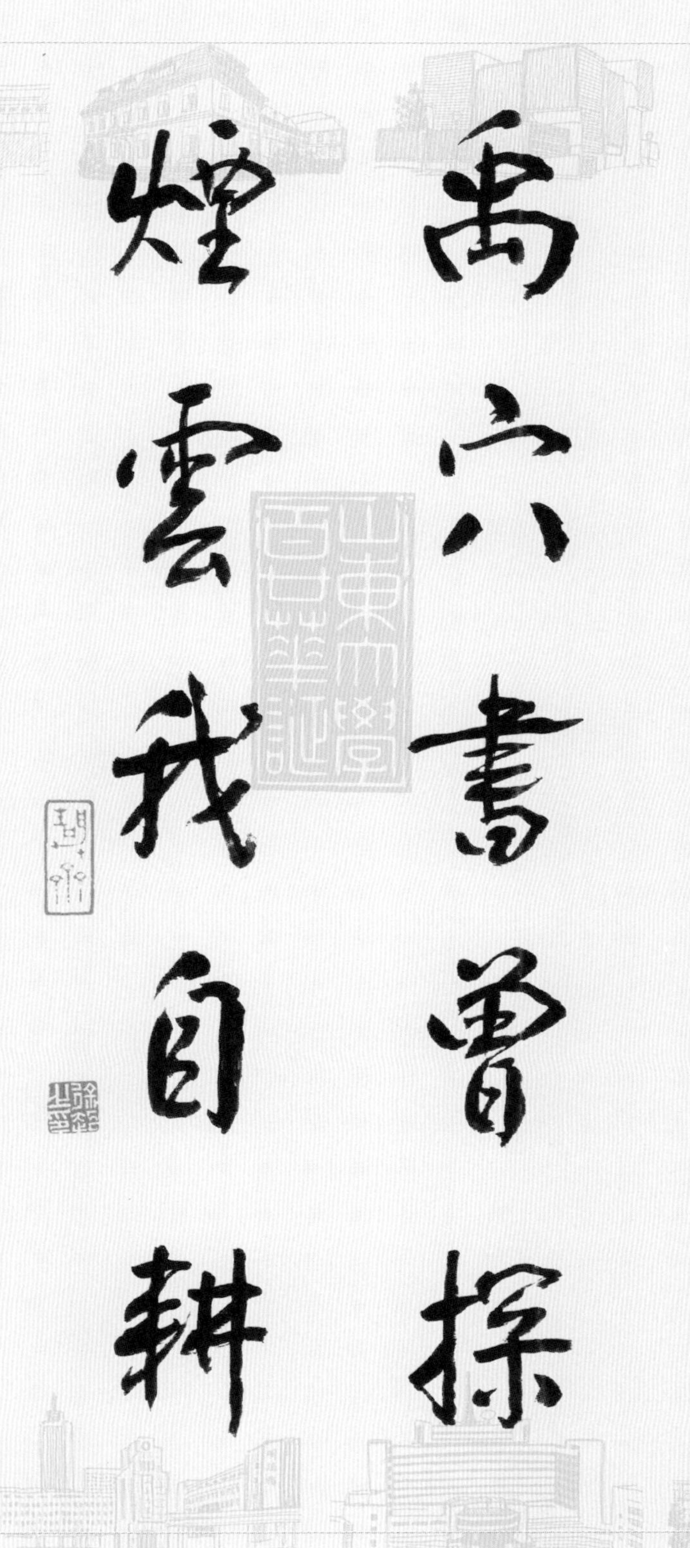

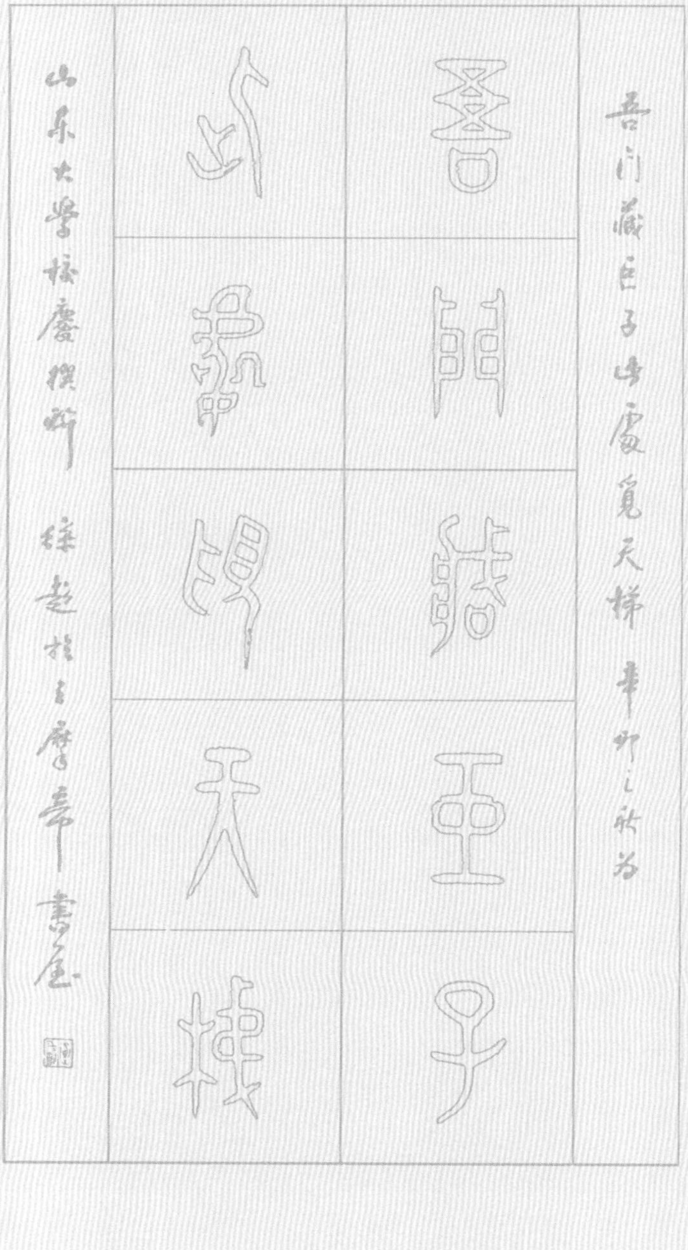

吾门藏臣子 辛卯之秋为

吾門藏臣子

此處覓天梯

山东大学校庆撰联 徐超于三磨斋书屋

山東大學百廿校慶紀念

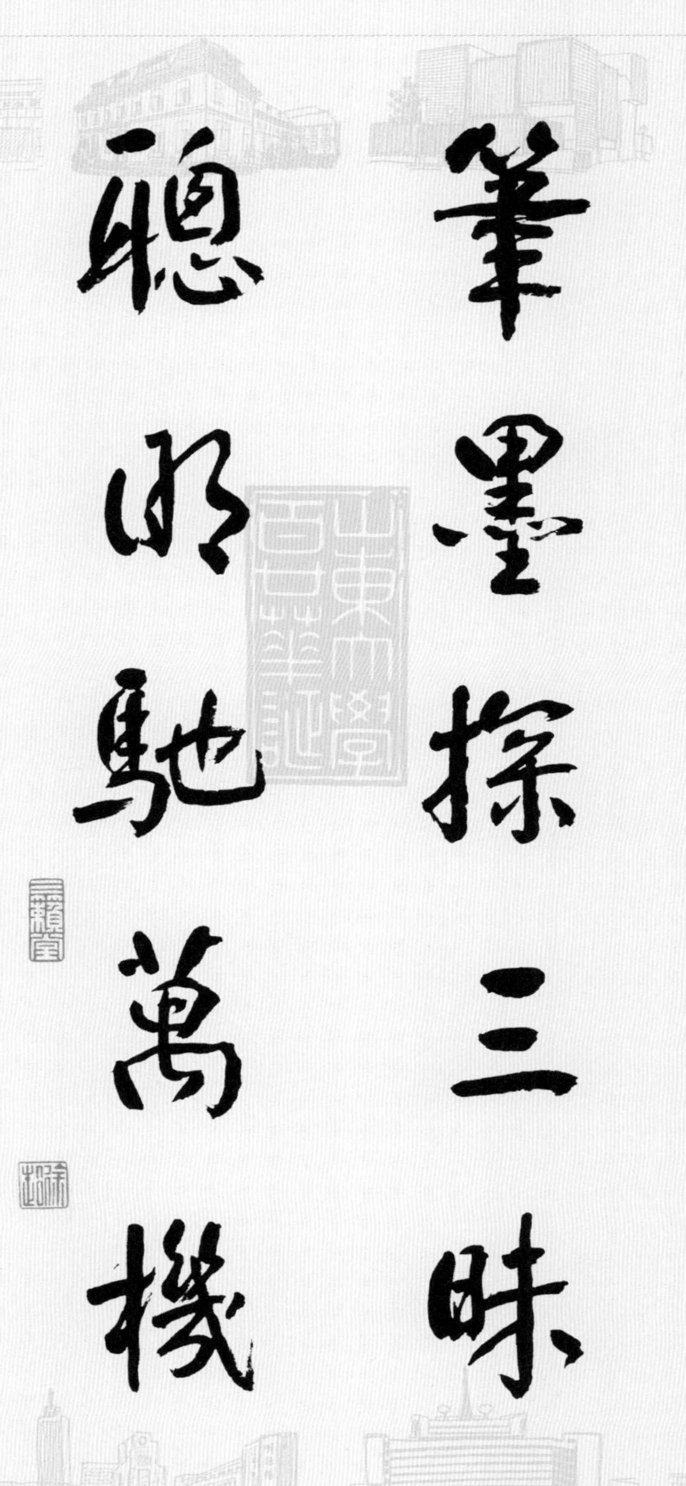

笔墨探三昧（喻良能），聪明驰万机（刘子翚）。

山東大學百廿華誕

山東大學百廿校慶紀念

竹径茶烟细（韩维），楼台璧月新（王之道）。

山東大學百廿華誕

山東大學百廿校慶紀念

作吏能无纱帽气，论交常有布衣心。

计利当计天下利，求名应求万世名。

山東大學百廿校慶紀念

愛敬古梅如宿士
護持新筍若嬰兒

能襄德業為良友
有益身心是好書

爱敬古梅如宿士，护持新笋若婴儿。

能襄德业为良友，有益身心是好书。

山東大學百廿校慶紀念

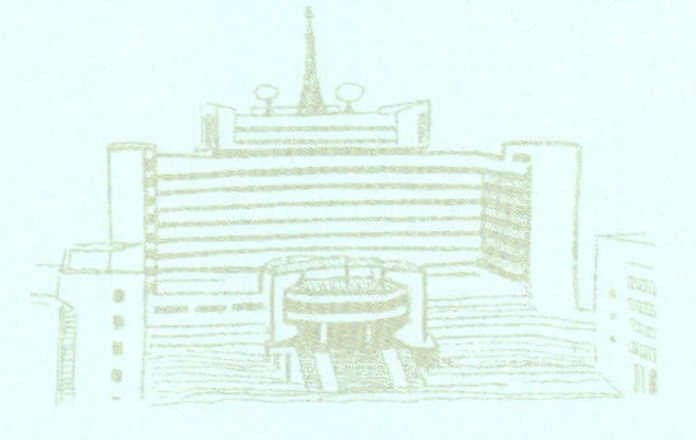

地拓半弓多种竹，楼留一角为看花。

胸藏万汇凭吞吐，笔有千钧任翕张。

山東大學百廿校慶紀念

读书心细丝抽茧，炼句功深石补天。

谈诗客至风生座，论画人归月透帘。

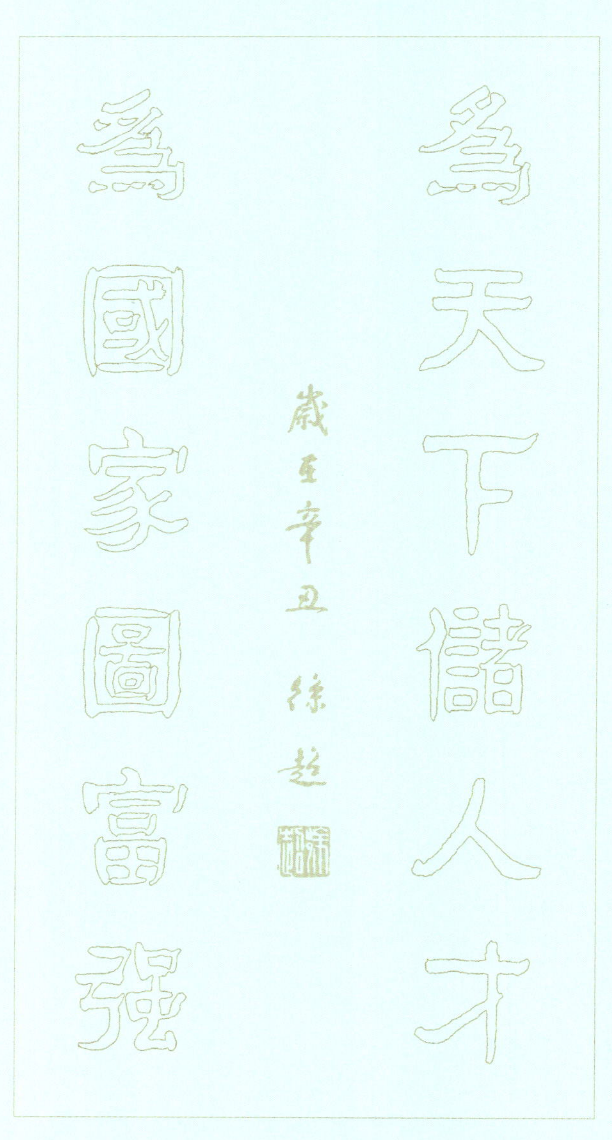
為天下儲人才
為國家圖富強
歲在辛丑 徐超

風標想見瑤臺鶴
詩韻如聞淥水琴

花氣欲浮金翡翠
墨香常護玉蟾蜍

风标想见瑶台鹤，诗韵如闻渌水琴。

花气欲浮金翡翠，墨香常护玉蟾蜍。

學無止境
氣有浩然

红滴砚池花泻露，绿藏书榻树抟云。

光借青藜鸡唱晓，香飘丹桂鹿鸣秋。

學無止境
氣有浩然
辛丑之春

久別名山憑夢到
緩尋芳草得歸遲

遠聞佳士輒心許
老見異書猶眼明

久别名山凭梦到，缓寻芳草得归迟。
远闻佳士辄心许，老见异书犹眼明。

南傍佛崖西鄰趵突泉有老校
本部曾經五校合璧
辛丑之春

片區且看九園聯珠
遠通威海再登青島遙攬龍山
徐楚

山東大學百廿校慶紀念

雲開千里遠山碧
風靜一簾明月閑

架藏二酉圖書貴
室積三都翰墨香

云开千里远山碧，风静一帘明月闲。

架藏二酉图书贵，室积三都翰墨香。

南傍佛崖西鄰趵突東有老新
本部曾經三校合璧
辛丑之春

片區且看九園聯珠
遠通威海再登青島近攬龍山
徐超

山東大學百廿校慶紀念

移門欲就山當榻

補屋常愁雨濕書

持身每戒珠彈雀

養氣要如刀解牛

移门欲就山当榻，补屋常愁雨湿书。

持身每戒珠弹雀，养气要如刀解牛。

吾門藏巨子

此處覓天梯

吾门藏巨子 此处觅天梯 辛卯之秋为

山东大学校庆撰联 徐超於之摩帚書屋

山東大學百廿校慶紀念

無量仁心如壽佛
有根文植傍飛仙

雅度春風臨玉樹
澄懷秋月映冰壺

无量仁心如寿佛，有根文植傍飞仙。

雅度春风临玉树，澄怀秋月映冰壶。

吾门藏臣子 此处觅天梯 辛卯之秋为

吾門藏臣子

此處覓天梯

山东大学校庆撰联 徐超于之磨亭书屋

山東大學百廿校慶紀念

燈前紅豆尚書句
眼底青山小謝詩

壁間竹影有聲畫
巖畔溪流無操琴

灯前红豆尚书句，眼底青山小谢诗。
壁间竹影有声画，岩畔溪流无操琴。

山東大學百廿校慶紀念

绿叶忽低知鸟至，青萍暂动觉鱼行。

物理精微参自悟，诗情闲淡触皆通。

山東大學百廿華誕

山東大學百廿校慶紀念

庆

金文作

小篆作

庆（慶），会意字，从廌（zhì）从心。廌是一种野兽，古人认为它能主持公正，甚至认为它可以帮助断狱，就是因为它会用头上的角攻击有罪的那个人。“庆”字是用“廌的心”的结构表示善良正直的意思，文献多用作喜庆、美善、祝贺等意义。后来字形中那个象廌的尾巴的形状，逐步讹变成表示行走或从后面走过来意义的“夊”(zhǐ) 字形，小篆用的就是这个字形。也有人认为，“庆”字是从廌从角，“心”是“角”字的讹变。

山東大學百廿校慶紀念

祝

甲骨文作

金文作

小篆作

祝，早期基本字形象人在神主前下跪祈祷，本义当为在祭祀中祷告。卜辞用祭祷义。铭文多用作主管祭祀的职官名，又或用祈祷义。提示：有人认为，早期“祝”字所从的是跪坐的人形，“兄”字所从的是直立的人形，区别明显，金文以后趋于一致。

山

甲骨文作

金文作

小篆作

山，初形象数峰并立，本义是山体。提示：注意“山”与“火”在早期古文字中多因形近而相混。

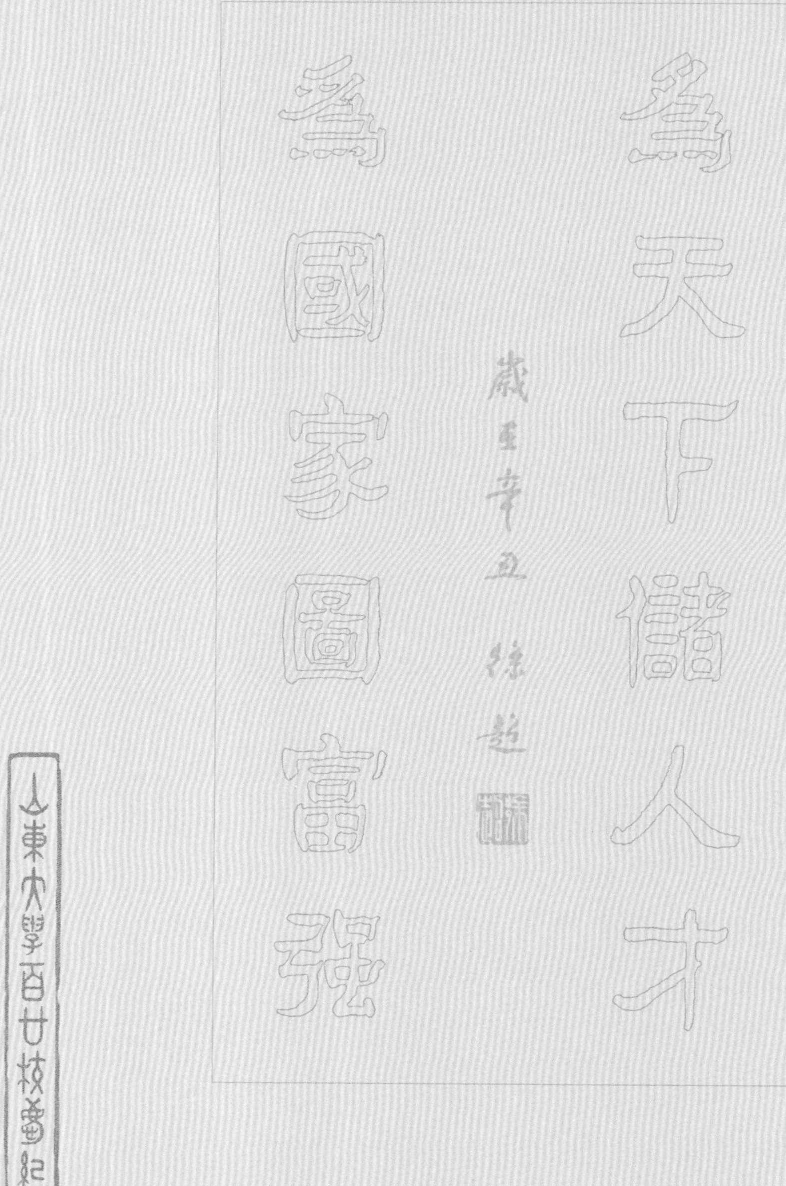
為天下儲人才
為國家圖富強
歲在辛丑
山東大學百廿校慶紀念

甲骨文作 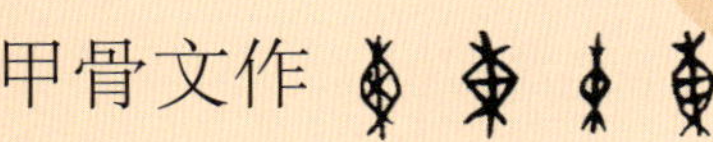

金文作

小篆作

东（東），甲骨文“束”作 ，金文作 字形象用绳索捆扎两头的口袋，本义是捆缚，引申为约束。由于相近字形又分化出“东”字，分化的方法是在“束”字中间加一横作指事符号以与“束”字相区别，一般都用来表示方位。分化初期，二字有时通用，如“束”在卜辞中有时读“东”。

爲天下儲人才
爲國家圖富强

歲在辛丑 綠題

大

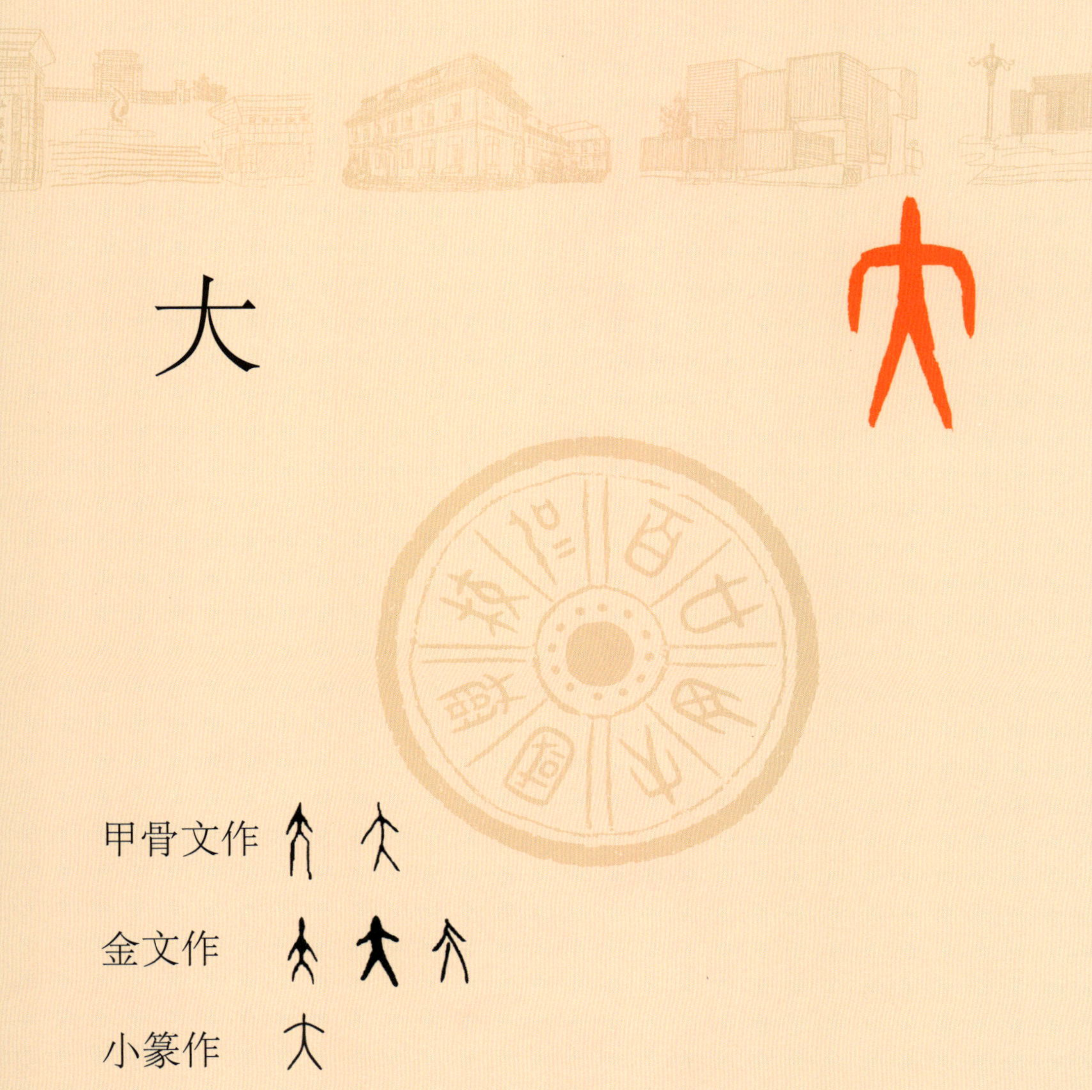

甲骨文作

金文作

小篆作

大，初文象正面而立的人形，这是用大人的形象表示抽象的“大”的意义。但若作为构形部件，“大”一般仍表示站立的人或大人，极少作形容词的“大”使用。由“大”的意思引申为高尚、尊崇等义。有趣的是，“大”字从古老的形，中间经过，又回到了形，只是最后的楷书变成横、撇、捺三画了。

山東大學百廿校慶紀念

学

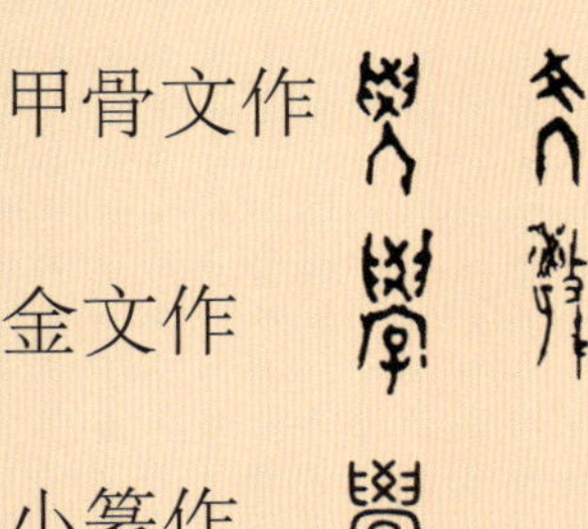

甲骨文作

金文作

小篆作

学（學），甲骨文第一个字形上面的两侧是双手的象形，用来表示动作，这个字就是“臼”(jú)。“臼”字的中间是声符“爻”(yáo)。字的下面从宀（mián），表示房子。合体会意，表示在室中教学。第二字形省“臼”。二形用六书分析法说，分别是从臼从宀从爻，爻亦声；从宀，爻声。金文增意符“子”，以示教子受学。第二字形又增意符“攴”，表示动作，据此隶定则作“斅”，表示这个意义的字后世写作“教”。“教”与“学”相因相成，音义相通。

學無止境
氣有浩然

建

甲骨文作

金文作

小篆作

建，会意字，字形表示一人手持木柱一类的东西树立在“乚”（yǐn）内，在古文字体系中，“匸”(xì) 象房屋的横剖面，“乚”是“匸”的省形，也可能同时是表示起隐蔽作用的曲隅、角落，所以有人说“乚”即古“隐”字。后来人持杆的字形讹变成“聿”，“乚”逐步变为现在的“廴”(yǐn 或 yìn)。甲骨文字形中的小点表示土粒。卜辞或用作地名，后世多用建立、设置等意义。

南傍佛崖西邻趵突东有老新

本部曾经三校合璧

辛丑之春

片区且看九园衔珠

徐超

远通威海再登青岛近揽龙山

山東大學百廿校慶紀念

校

金文作

小篆作

校，形声字，从木，交声。构形意义不明。常见读音是jiào，古代枷械类刑具的统称。引申有栅栏、拦取野兽等意义，文献多用计较、抗争、考核、比较、校勘等意义。“校（jiào）长”是指士卒队长或管理陵园的官吏，与读 xiào 时的“校长”意义不同。还有一个常见读音是 xiào，常用义是指古代的学校，引申为教习义。要注意的是，古代的“校（xiào）室”是指乡里的教育场所。古代的“校（jiào）员”是指校对的人员，与指学校教职人员的“校（xiào）员”意义不同。

南傍佛崖西邻路实东有老新
本部曾经三校合璧

辛丑之春

片区且看九园联珠
远通威海再登青岛近揽龙山

徐超

山东大学百廿校庆纪念

百

甲骨文作

金文作

小篆作

百，“白”与“百”为一字之分化，即“白”上加横表示计数的“百”，白声。也有学者以为是在“白”的中间加折角符号而分化。分化字在分化之初往往通用。卜辞、铭文多用作计数之“百”。

吾門藏臣子

此處覓天梯

吾门藏臣子此处觅天梯 辛卯之秋为

山东大学校庆撰联 徐超于三摩斋书屋

山東大學百廿校慶紀念

廿

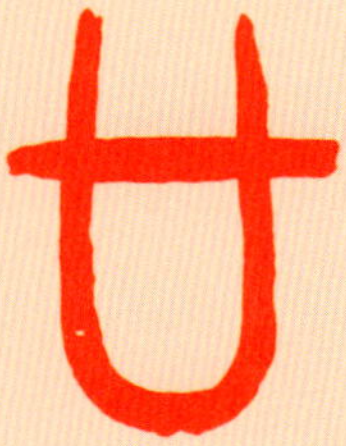

甲骨文作

金文作

小篆作

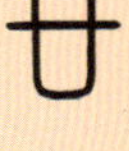

廿，甲骨文“十”作，金文作，计数词。学者以为，古人以针的象形符号一竖表示数字“十”，金文字形的中部多加粗，后作点，再后来演变为短横。“廿”字、“卅”（sà）字、“卌”（xì）字皆用此法。

吾門藏巨子

此處覓天梯

吾门藏巨子此处觅天梯 辛卯之秋为

山东大学校庆撰联 徐超於玉磨斋书屋

山東大學百廿校慶紀念

周

甲骨文作

金文作

小篆作

周，历来的解释多围绕“周”字形或“田”字形展开，如或说象庄稼满地，故用为稠密、周密之义。或说象方格纵横，花纹灿然，是“雕”的初文。或说本象田畴，或增小点作装饰。“周”字后世多用作地名、方国名，故增“口”作区别符号。文献多用周密、紧密、普遍、完备等义，又用作地名、朝代名。卜辞用作氏族名。铭文用为地名、方国名。

山東大學百廿華誕

山東大學百廿校慶紀念

年

甲骨文作

金文作

小篆作

年，甲骨文从禾，人声。金文或在“人”字中增点为饰笔，点加长后即成“千”字并用作声符。“千”下或又增一横作饰笔，遂与“千”字组成“壬”(tǐng) 字形。“年”的本义是谷物成熟或庄稼收成。金文时代用为年岁的“年”，后引申为年代、岁月、寿命等义。

山東大學百廿校慶紀念